Ana Olondo

EL FIN del VACÍO

MÁS QUE EXISTIR,
ES TIEMPO DE VIVIR

renacer

Todas las citas de la Escritura han sido tomadas de la Santa Biblia, Nueva Versión Internacional®
NVI® © 1999, 2015 por Bíblica, Inc.®, Inc.® Usadas con permiso de Bíblica, Inc.® Reservados
todos los derechos en todo el mundo.

EL FIN DEL VACÍO

Más que existir, es tiempo de vivir

por **ANA ALONDO**

Publicado y Distribuido por **EDITORIAL RENACER**
Paperback   978-1-963920-23-9
Hardback   978-1-963920-24-6
Perfect Bound   978-1-963920-37-6
E-book   978-1-963920-25-3

Diseño de Portada e Interior: Pablo Montenegro
Edición y corrección: Mercedes Merlo

 renacer

AGRADECIMIENTOS

En primer lugar, quiero agradecer la realidad de poder tener este libro en las manos al Espíritu Santo. A Ti te agradezco cada noche a mi lado, cada alegría, cada lloro, cada revelación, cada madrugada escribiendo estas páginas para que al día de hoy pueda decir que he concluido, que la promesa ha sido cumplida. A Ti te digo que te amo.

A mi preciosa familia, Tony, Ortzi, Ibai y Neizan; gracias por cada sacrificio, por cada minuto que tuvieron que prescindir de mí, por su atención y respeto para que yo pudiera escribir. Definitivamente son únicos y especiales en mi vida.

A mis padres, decirles que nada de esto hubiera sido posible sin ustedes. No tendría historia que contar ni vida que vivir. Gracias por amarme bajo cualquier circunstancia y situación.

A mi hermana Leire, si el Señor hubiera pensado en otra persona mejor que tú para colocar a mi lado, no la hubiera encontrado. Gracias por tu amor.

A Eliel y Rosi, es un honor y un privilegio haberles conocido. Gracias por el empujón que me dieron para escribir el libro. Todos esos días de sacrificio por estar a mi lado mientras lo corregíamos y gracias también por todas las oraciones que han derramado.

Supieron amarme, tuvieron la paciencia para soportarme y la sabiduría de Dios para guiarme.

A los pastores Julio Díaz y Leonor Piñeiro, gracias por su dedicación a la obra en mi precioso pueblo y por toda la siembra espiritual que por años han llevado a cabo.

A todas las personas que nombro en el libro, y a las que no nombro pero que forman parte de la historia de mi vida, gracias, porque sin ustedes tampoco se hubiera escrito esta historia.

Son parte importante de mi vida y en mi corazón hay un rincón para cada uno de ustedes.

A todos ustedes, ¡gracias!

CONTENIDO

DEDICATORIA

Este libro está exclusivamente dedicado a mi madre,
María Jesús Picó (Marije), una gran mujer de fe.

Cada lágrima que derramaste en oración fue recogida
por Dios, y a Su tiempo fue contestada.

Gracias por creer en mí e interceder persistentemente a
favor de mi vida sin desmayar.

La oración eficaz del justo puede mucho y la tuya
movió la mano de Dios a mi favor.

Te quiero ama (mamá), eres la mujer
más importante de mi vida.

Señor, un nuevo propósito cumplido en mí. Te dedico mi mayor
adoración, que es y será siempre… ¡mucho más que palabras!

PRÓLOGO

Ana Olondo es mi amiga, por esa razón te pido que consideres esto antes de comenzar a leer su libro: lo que tienes en tus manos es más que tinta sobre papel, son las marcas de la mano de Dios sobre el corazón de la autora, trazos divinos escritos por Dios en el corazón de Ana a través de un impactante proceso de liberación y sanidad, que ahora tendrás la oportunidad de leer.

Hay libros que los autores escriben con su bolígrafo sobre el papel, pero hay otros libros que Dios escribe con su dedo sobre el corazón de los autores. Esta obra que tienes en tus manos es del segundo tipo, es el resultado del dedo de Dios escribiendo sobre el corazón de la escritora. Ana no tuvo que sentarse durante horas delante de la hoja en blanco para pensar qué escribiría, porque estas palabras ya estaban escritas en su alma por Dios mismo y solo tuvo que sacarlas hacia afuera para todos nosotros. Y las sacó hacia afuera para dar esperanza a los que están encadenados por Satanás y piensan que su vida está tan fragmentada que no tiene reparación. ¿Y por qué escribió su historia para que tú la puedas leer? Porque su testimonio se convertirá en tu profecía. A medida que leas el relato de lo que Dios hizo para liberarla y sanarla, tu convicción se hará más fuerte: si Dios lo hizo con ella, lo hará también conmigo.

Una nota más antes de comenzar a leer el corazón de Ana. Al igual que un bolígrafo deja marcas sobre el papel, cuando Dios escribe con su dedo sobre el corazón de una persona, la marca para siempre. Indeleblemente. Yo llamo a esas marcas profundas en nuestro ser *"cicatrices santas"*. Tristemente, muchos mantienen escondidas sus cicatrices porque se avergüenzan de ellas, pero Ana Olondo no. Ella no maquilla sus cicatrices, nos enseña desde ellas. Sus cicatrices son el testimonio de sus heridas sanadas y no se avergüenza de mostrarlas porque dan gloria a su Sanador Divino. Por esa razón, si tú estás experimentando el dolor de una herida abierta en este momento, Ana tiene autoridad para hablar a tu dolor, porque nada le da más autoridad para hablar a tu herida que mostrarte su cicatriz, la evidencia de que comprende tu dolor y que conoce el camino hacia la sanidad.

ITIEL ARROYO

COMENTARIOS

Me gustaría comenzar estas líneas dándole gracias a nuestro Señor Jesucristo por haberme puesto en el camino a una mujer tan maravillosa, una espléndida madre y una gran esposa. A mi Dios, gracias.

Lo más admirable de Ana es su entrega incondicional a Dios, es una mujer que ama y desea hacer la voluntad de Dios por encima de todo. Es una persona íntegra y sin doblez en la que la Gloria de Dios se manifiesta por su corazón dispuesto y entregado a obedecer la voz de Dios.

En este libro podrá encontrar cómo Dios nunca da por perdida un alma, cómo aunque nosotros actuemos de manera indigna e infiel, Él siempre permanece fiel. La vida de Ana ha sido un largo caminar hacia la VIDA, pasando por desiertos, sequías, manantiales... Personalmente puedo decir que he experimentado muchos de esos lugares junto a ella y en todos ellos hemos podido ver la soberanía y el amor de Dios hacia el ser humano.

Querido lector, este libro en sus manos será una llave que le llevará a experimentar de la mano del Señor, grandes cambios en su vida y en la vida de los que le rodean.

El testimonio de Ana es únicamente un reflejo de lo que Dios también quiere hacer en su vida. Déjese llevar por nuestro Señor y Padre y experimente también lo que es ir de Su mano «Camino a la VIDA».

TONY VARGAS

Drama, poder, romance, intriga... estos son los ingredientes de las novelas mejor vendidas. Pero lejos de ser una obra moderna de ficción, estas palabras describen una historia real vivida y escrita por mi hija Ana. Más que una lectura de entretenimiento, es una historia de la profunda intervención de la soberanía de Dios en la voluntad humana.

Como madre sólo puedo decir que Dios ha sido muy misericordioso conmigo. Dios gobierna sobre la luz y las tinieblas, sobre la paz y la adversidad. Nuestras vidas están salpicadas de ambas clases de experiencias y las dos hacen falta para crecer espiritualmente. Como creyente quiero hacer hincapié en que sólo la oración cambia las circunstancias de la vida. Hace diez años, estando yo orando por Ana, el Señor me mostró que mi oración no iba de acuerdo con Su voluntad, yo la quería por un camino pero Él la quería por otro. Me dijo que alguien tenía que levantarse y que la quería para Él, que la pondría en la brecha. Como madre he guardado muchas cosas en el corazón que hoy, gracias a Dios, las veo cumplidas.

Así como Ana es una bendición como hija para sus padres y una bendición para su hermana, así será de bendición a multitudes de personas. «Aun antes que hubiera día, yo era; y no hay quien de mi mano libre. Lo que hago yo, ¿quién lo estorbará?».

«No os acordéis de las cosas pasadas, ni traigáis a memoria las cosas antiguas. He aquí que yo hago cosa nueva; pronto saldrá a luz; ¿no la conoceréis? Otra vez abriré camino en el desierto, y ríos en la soledad».

ISAÍAS 43:13,18-19

Felicidades Ana por tu libro y gracias a Dios por Sus promesas y Su miscricordia, porque ha hecho cosa nueva en mi hogar.

Te quiero, Tu madre.

MARÍA JESÚS PICÓ

Durante veintisiete años he sido pastor-misionero en Vizcaya, y entre las muchas conversiones de las que he sido testigo en mi ministerio pastoral, está la de Ana Olondo Picó como una de las más sorprendentes. Conocí a Ana siendo casi una niña en la casa de sus padres, en la hermosa villa marinera de Bermeo, en donde, por la gracia de Dios, pude sembrar Su Palabra y establecer una congregación compuesta en su mayoría de vasco- parlantes, de la cual forman parte su madre y otros familiares, y también durante muchos años, la misma Ana y su marido.

Desde su decisión por Cristo, Ana pasó por diferentes etapas en su vida espiritual, emocional y laboral. Siendo muy joven, experimentó el trauma de ver morir a su primer marido, quedando viuda con su hijo mayor, teniendo que enfrentarse después a otras duras etapas...

Pero llegó el tiempo en el que Ana experimentó un avivamiento espiritual que le indujo a comprometerse más con el Señor y con la iglesia en Bermeo, y a dar testimonio de su experiencia como cristiana comprometida, siendo de mucha ayuda a jóvenes y adultos con problemas. Fruto de este testimonio, está siendo la conversión a Cristo de muchas personas. También tuve el gozo de bautizar, en profesión de su fe personal en Cristo, a su segundo esposo y de celebrar su segundo enlace matrimonial a la manera típica vasca, muy hermosa, y a la que asistieron muchos invitados, formando una hermosa familia.

Ahora, estando ya jubilado, y cuando hace bastantes años que no vemos a Ana y su preciosa familia, mi esposa y yo nos gozamos al saber que tanto ella como su esposo e hijos están integrados en la iglesia, colaborando en la Obra del Señor, y siendo de ayuda, sin duda, a muchas personas que han pasado o pueden pasar por situaciones parecidas a la de ella y su marido. Deseamos que Dios siga bendiciendo siempre a Ana, Andoni (Tony) y sus hijos, recordándoles que «el Señor es el mismo siempre: ayer, hoy y por los siglos», para que le sirvan con amor y fidelidad en todo tiempo y lugar.

Les aman en Cristo,

PR. JULIO DÍAZ SÁNCHEZ Y ESPOSA

Durante diez meses estuvimos sirviendo al Señor en la Iglesia en la que Ana y su familia se congregaban, en el precioso pueblo de Bermeo, Vizcaya. Fue un tiempo impactante para nosotros y de una manera especial por la amistad que Dios forjó entre nuestra familia y su familia. Un día en la cocina de su casa, Ana y Andoni (Andoni es Tony, el marido de Ana, así es su nombre en Euskera, el idioma Vasco) nos compartieron cosas de su vida con las que era difícil aguantar las lágrimas debido al impacto que causaban. Y desde nuestro corazón brotaba una adoración al Señor por la gran salvación que había alcanzado aquel matrimonio.

«Tienes que escribir eso. Creo que tu testimonio puede bendecir a mucha gente». Así que poco tiempo después, Ana tuvo la confirmación del Señor de que era el tiempo de empezar a escribir su testimonio en un libro. Un testimonio de la Gracia, Bondad, Misericordia y Amor de Dios hacia sus vidas. Una mujer sensible a la voz de Dios, que ha recibido de Él un corazón enseñable.

Caminar a la vida no es alcanzar la perfección. No es el auge de la vida cristiana. Caminar a la vida es el proceso de «santificación» por el que todos debemos pasar. En los últimos tiempos, Ana está caminando así y descubriendo cosas nuevas de Dios y todo eso con una insaciable sed de Él. Por eso creo que no nos libraremos de escuchar en breve las nuevas experiencias que ella tendrá con el Señor. No vamos a oír mucho de Ana, vamos a oír bastante de alguien que decidió seguir con osadía su CAMINO A LA VIDA.

ELIEL DOS SANTOS Y ROSI CARVALHO
JCUM BILBAO

Es difícil expresar en unas palabras lo que hay en mi corazón acerca de Ana. Si miro hacia atrás en el tiempo, puedo recordar una Ana «protegida» en sus murallas, escudos y máscaras. Pero poco a poco mientras abría su corazón a mí se iba descubriendo una niña dulce, inocente e indefensa, dolida y herida por los golpes de la vida. Pude vivir muchos momentos claves de su vida a su lado y puedo decir que siempre fue admirable la entereza y fe que tenía para salir victoriosa y reluciente como el oro de cada situación. Me siento muy dichosa al decir que ella es mi madre espiritual, cual Noemí y Rut.

Hoy día continúa siendo mi profeta, mi maestra, siempre que estoy a su lado es un tiempo que ministra mi corazón, a través de sus enseñanzas, revelaciones de Dios. La cercanía y relación que tiene con

Dios es el principal motivo de la luminosidad de su rostro y esto a su vez me invita a seguir los pasos de nuestro Creador.

Mi amada amiga Ana:

- Valiente y esforzada, siempre te levantaste ante cualquier adversidad.
- Obediente y dependiente de nuestro Amigo el Espíritu Santo.
- Valerosa y apasionada por la sangre derramada en la cruz.
- Tú, mi querida amiga tienes nombre:

«La niña de Sus ojos».

LAURA PÉREZ

Si alguna vez me entran dudas de lo que Dios puede hacer o de cómo es Él, solo tengo que acordarme de la vida de Ana y cómo Dios ha obrado en ella. Le doy gracias a Dios por haber permitido que camináramos juntas parte del camino. Esto cambió mi vida también, por eso sé que este libro será una puerta a la esperanza para todo aquel que cree que Dios no puede arreglar su vida, ayudarle con un problema o cambiar una situación.

Su vida es un hecho real de que «DIOS ENDEREZA LOS CAMINOS TORCIDOS, SANA A LOS HERIDOS, RESCATA A LOS PERDIDOS Y AUN EN ESTOS TIEMPOS OBRA GRANDES MARAVILLAS».

FLOR GONZÁLEZ

CAPÍTULO 1

DOS MARIDOS, TRES SENTENCIAS

«Y Él os dio vida a vosotros cuando estabais muertos en vuestros delitos y pecados.»

EFESIOS 2:1

¿Puede un vivo caminar a la vida? Resultaría un poco ilógico, ¿verdad?

¿Quién puede entonces caminar a la vida? Solamente un muerto puede hacerlo. Y ese muerto era yo. Toda mi vida fue un caminar a la vida, un camino a través de duras experiencias que no hacían más que empujarme a correr hacia la vida. ¡Jesús!, mi fuente de vida.

«Engañoso es el corazón más que todas las cosas, y perverso; ¿quién lo conocerá? Yo Jehová, que escudriño la mente, que pruebo el corazón, para dar a cada uno según su camino, según el fruto de sus obras.»

JEREMÍAS 17:9-10

Engañoso era mi corazón, puesto que mientras este me decía «estás viva», la palabra de Dios me revelaba «estás muerta». Leyendo mis vivencias podrás decir: ¿Pero tú creías en Dios?. ¡Sí! Creía en Dios, pero yo te puedo contestar que también los demonios creen y tiemblan (Santiago 2:19).

No es solamente el hecho de creer lo que libera tu vida, sino creer y obedecer al Dios que te da la vida. Esto supone una muerte al yo, una muerte a los deseos egoístas, una muerte a las pasiones desordenadas, una muerte a la carne, una muerte a tantas cosas contrarias a la voluntad de Dios... y supone una obediencia plena para vida.

Me crié en un ambiente de lo más religioso, por lo que no me resultaba difícil dirigirme a Dios en oración, imitar una conducta cristiana e incluso cantar alabanzas al Señor. Pero lo que Dios esperaba de mí era un reconocimiento por mi parte de lo alejada que vivía de Él y, por consiguiente, un arrepentimiento genuino en mi corazón, es decir, un cambio de vida. He de decir que así comenzó mi cambio de vida.

Tengo varios recuerdos de mi niñez grabados en mi mente, pero uno de ellos es el que cobra mayor fuerza a la hora de explicar cómo fue mi vida. Recuerdo tardes enteras recostada en el sofá viendo la televisión, mientras mi mente estaba muy lejos de aquel lugar. Todos mis sueños se resumían en uno: encontrar a mi príncipe azul, aquel chico maravilloso que me llenaría de felicidad y con el que pasaría el resto de mi vida sin importar nada más. ¿Cómo sería mi primer beso? ¿Cómo me llevaría de su mano? Una y otra vez imaginaba el maravilloso día en que por fin iba a encontrar la felicidad, el día en que mi príncipe aparecería para rescatarme de aquel vacío interior que yo sentía y que nada ni nadie, hasta el momento, habían conseguido llenar.

Tengo que decir que este concepto de felicidad probablemente fue adquirido por el mensaje que lanzaban sobre mi mente todas aquellas películas de amor que solía ver, películas en las cuales el sufrimiento dejaba de existir una vez que el príncipe y la princesa se encontraban y se enamoraban. Comencé a aceptar aquel concepto de felicidad como una idea firme y sólida en mi vida, mientras iba creciendo con un vacío en mi interior que yo creía que sería llenado el día en que encontrara al príncipe azul que, en algún lugar del mundo, me estaba esperando. Fue así que con la llegada de la adolescencia comenzaron a llover príncipes azules, y con cada uno de ellos llovía también la decepción, pues ninguno de ellos conseguía llenar mi vacío interior.

"NO ES SOLAMENTE EL HECHO DE CREER LO QUE LIBERA TU VIDA, SINO CREER Y OBEDECER AL DIOS QUE TE DA LA VIDA".

¿Qué estaba pasando? ¿Acaso no podía enamorarme? Ahí comenzó mi carrera por buscar al chico de mi vida, al chico perfecto. ¿Dónde estaría? No entendía por qué sentía un vacío cada vez más profundo en mi interior, si solamente era cuestión de encontrar a mi príncipe y ser feliz.

Fueron tres largos años de espera en los cuales las heridas y decepciones se iban acumulando en mí. Luchas por encontrar la felicidad, y aun cuando piensas haberla encontrado te das cuenta de que todo aquello por lo que has luchado no tiene ningún valor, no te ha llevado a ningún lado y no tiene ningún sentido. Continúas acumulando heridas y decepciones, con un vacío interior cada vez más difícil de llenar. ¿Por qué existimos? ¿De dónde venimos? ¿A dónde vamos? En el poco conocimiento que tenía de Dios comencé a distorsionar Su imagen. ¿Por qué Dios podía permitir que los seres humanos viviéramos en un mundo de tanto sufrimiento y dolor? ¿Para qué nos había creado? ¿Con qué propósito estábamos en el mundo? Llegué a decirle a Dios que nunca debería haber sido creada, de este modo mis sufrimientos no hubieran existido.

La escuela primaria la cursé en un colegio de monjas, por lo que la palabra Dios estaba casi a diario en mi vida, sabía que había un Dios que nos había creado, pero no lo conocía. Tenía una información equivocada en mi mente y en mi corazón acerca de Él, y me torturaba la idea de ser alguien creado para vivir una eternidad y tener que pasarla con toda clase de angustias y sufrimientos. Ni siquiera aquella historia que me habían contado una y otra vez sobre ese maravilloso lugar llamado cielo, donde no existía el dolor, me tranquilizaba, porque simplemente había anulado en mi mente toda idea de felicidad y bienestar eterno. Crecí con temor de Dios, pero no un temor santo y reverente, más bien crecí con terror de Dios. No pasaba ni una sola noche en la que no confesara todos mis pecados y hablara con Dios. Si ese día era el último que pasaba en la tierra, era mejor que me encontrara confesada. Día a día iba creciendo en mí la idea de un Dios lejano, un Dios rodeado de tanta religiosidad que humanamente era inalcanzable.

Una noche pedí permiso a mi madre para dormir en casa de una amiga, con el fin de salir de discotecas a un pueblo cercano al mío. ¡Sería la gran noche! Aunque ya había hecho cosas así anteriormente, ese día era especial, no había nada en mi mente, no quería conocer a nadie, todavía me estaba recuperando de la bronca que había tenido esa tarde con mi novio, así que lo único que quería era pasarlo bien y olvidarme de todo. Fue entonces cuando apareció él, mi príncipe azul, Luis, quien tenía la sonrisa más bonita que había visto nunca. Mi amiga nos presentó, pero él, sin darme la más mínima importancia, me saludó amablemente y se fue. No lo había reconocido, pero al poco tiempo supe quién era: era él, el chico que hacía tiempo quería conocer. No sé por qué siempre me había sentido atraída por los chicos más conflictivos, y Luis era un chico con muy mala reputación en mi pueblo. Pero para cuando mi amiga me dijo quién era, yo ya estaba deseando conocerle. Hacía cosa de un mes que yo le decía a mi novio de aquel entonces que me lo presentara, puesto que se conocían de andar en el mismo mundo, el mundo de las drogas. Me parecía un chico tan increíble, a mis ojos tenía algo especial, algo que no puedo explicar.

Podemos pensar que las cosas no suceden por casualidad o incluso que Satanás está detrás de ellas para hundir la vida del ser humano, pero lo que sé es que Dios transformó toda maldición en bendición.

Esa noche, volvimos a coincidir en el pueblo al que fuimos y quedamos prendados mutuamente. Yo solo tenía dieciséis años, mientras que él tenía veinticuatro y una vida vivida de la peor manera, pero con todo puedo decir que la extraña atracción que sentí en aquella discoteca donde hablamos y bailamos por primera vez no la he vuelto a sentir con nadie. Fue algo único, no quería que la noche terminara, creí que todos mis sueños podían cumplirse con aquel chico y, en cierto modo, así fue. Aquí comienza mi gran historia de amor junto a mis grandes problemas. ¿Cómo se me ocurrió pensar que todo iba a ir sobre ruedas? Mi madre, que por aquel entonces ya había entregado su vida al Señor, intentó por todos los medios que yo no volviera a ver a aquel chico, mientras que mi padre se limitó a hacer lo que siempre había hecho, callar. Pero como tantas otras veces en mi vida, no solo no escuché lo que mi madre me pudiera decir sino que corrí justo en sentido contrario a todos sus consejos. Ni las amenazas, ni las presiones, ni ninguna otra cosa pudo hacerme cambiar de idea, aquel chico era lo que siempre había buscado y ahora no iba a dejarle escapar. Así que mi madre, viendo que no iba a poder hacerme cambiar de idea en cuanto a aquella relación, me propuso algo a lo que no sé por qué no me negué. Me explicó que si ese chico me quería tenía que demostrarlo y tenía que aceptar hablar con nuestro pastor y mi madre a solas.

¿Qué estaban tramando? Bueno, en mi mente supuse que solamente querrían darle el discurso sobre lo bueno y maravilloso que era Dios, y a la vez intentar convencerle de la necesidad que tenía en su vida de empezar a ir a la iglesia para ser bueno, de lo contrario iría al infierno. Más o menos esto era lo que yo entendía de Dios. ¡Qué equivocada estaba! Coordinamos una cita para la esperada reunión en el local donde se celebraban los cultos y, después de armarse de valor, Luis acudió al encuentro. Mi sorpresa fue cuando, terminando el día, todavía no me había llamado. ¿Qué estaba pasando? Fui corriendo a buscarlo para que me diera una explicación, pues intuía que algo no iba bien, pero para mi sorpresa no quería verme ni estar conmigo. ¿Por qué me hacía esto? No entendía nada, así que comencé a presionarle una y otra vez hasta que me dijo: «Ana, prométeme que no le vas a decir nada a tu madre de lo que te voy a contar». «Por supuesto que no», dije yo. Entonces me contó todo lo que habían hablado en aquella reunión y descubrí que le habían convencido para que me dejara. En otras palabras, ellos le dijeron que si de verdad me amaba, no podía estar conmigo hasta que yo cumpliera dieciocho años, de esta manera él demostraría su amor por mí y yo podría tener la certeza, en esos dos años que me quedaban hasta cumplir la mayoría de edad, de que mis sentimientos eran verdaderos. No lo podía creer, ¡tremendo plan! Habían conseguido separarnos, porque Luis realmente me amaba y quería demostrarlo.

Otra vez con aquel profundo vacío interior y sin príncipe azul. Pero poco duró nuestra separación, pues comencé a persuadirle, diciéndole que todo aquello era una tontería. Y aunque él se mantenía firme, yo ya tenía mi plan preparado para la noche de aquel sábado en el que se celebraba una fiesta en el pueblo de al lado. Pensé que era la noche perfecta para convencerle y estaba dispuesta a todo. Y así fue, esa noche lo busqué y él no pudo resistir pensar que en aquel tiempo de separación me podría perder, así que decidimos rebelarnos contra todos y hacer nuestra voluntad, que en ese momento era estar juntos.

Ahora sé por todo lo que sucedió después que Dios estaba permitiendo aquello, porque detrás de todo había un plan redentor maravilloso para nuestras vidas y las vidas de muchos otros. No fue fácil para mi madre enterarse de que estábamos juntos de nuevo, pero gracias a la relación personal que ella tenía con Jesús pudo hacer frente a todo aquello. El tiempo fue pasando y cada día era más fuerte el lazo de amor que yo creaba con este chico, estaba completamente convencida de que él era aquel hombre que yo había estado esperando. Estaba ilusionada, por fin estaba enamorada como en todas aquellas películas que había visto años atrás. Aquí empezó mi mundo, empecé a vivir mi propia película, mi propia realidad, la cual distaba mucho de la auténtica realidad. Yo quería vivir mi historia y no permitiría que nada ni nadie interrumpiera aquello.

Cuando conocí a Luis, él acababa de salir de un centro de rehabilitación. Sin embargo sus amistades no habían cambiado, por lo que pronto sus hábitos volvieron a ser los mismos. El recuerdo de la heroína era más fuerte que toda su voluntad. Yo no tenía en aquel tiempo mucho conocimiento de ese mundo, así que no le era difícil engañarme, hasta que gracias a un amigo, me enteré de sus escapadas y de su vuelta a aquel horroroso mundo del que me prometió salir. He dicho que no estaba dispuesta a que nada ni nadie interrumpiera mi historia, por lo que me planté frente a él y le di a escoger dos caminos: las drogas o yo.

Creo que es casi imposible que un hombre consiga salir de las drogas por una mujer, pero detrás de todo aquello estaba Dios, porque Luis consiguió dejar la heroína. No lo hubiera conseguido de no ser por la ilusión de lo que estábamos viviendo y todos nuestros planes de futuro. Gracias a esto, él pudo cobrar fuerzas para mantenerse firme ante las drogas. Todo parecía perfecto. Pero como era de esperar, con el paso del tiempo mi vacío interior y todas aquellas carencias que yo guardaba desde niña fueron aflorando nuevamente.

¿Qué estaba pasando? Ya había encontrado a mi príncipe azul pero algo no andaba bien, descubrí que en algo me había equivocado. Ahí no estaba el secreto de mi felicidad, así que continué en busca de dicha felicidad empezando una nueva carrera, esta vez con el alcohol.

Ya había bebido alcohol antes, comprar litros de vino para mezclarlos con Coca-Cola y marchar a lugares escondidos con los amigos a beber era lo que estaba de moda en aquel tiempo. Y sin darme cuenta, comencé a beber alcohol con asiduidad. El alcohol me hacía sentir eufórica, no tenía inseguridad ni temor y todas mis ansiedades desaparecían. Recuerdo cuánto reíamos y cómo nos sentíamos todos cuando bebíamos, risas que pronto se convertían en llanto, porque con cada día de ilusión venía uno de decepción. Las personas que han intentado llenar sus vacíos con el alcohol pueden saber de qué hablo. Todos tus problemas parecen terminar con el alcohol, pero solo para despertar al día siguiente con más problemas que el anterior. El daño en mí iba creciendo, desde mi niñez cargaba con muchas heridas de soledad y rechazo, pero fue en esta época de mi vida cuando cobraron mayor fuerza y comenzaron a convertirse en verdaderos problemas. Estaba totalmente desorientada en la vida, mis estudios estaban siendo sustituidos por días de fiesta, con lo cual terminé dejando de estudiar el bachillerato y me puse a estudiar peluquería, y aunque logré el título, tampoco aquello prosperó.

En esta etapa probé también toda clase de drogas, pero gracias a Dios ninguna de ellas me gustó, pues no surgían en mí el efecto que me causaba el alcohol, así que fui descartándolas una a una para finalmente quedarme con el alcohol. Creo que solo las probaba buscando la aceptación de todas aquellas personas que tenía alrededor y no porque aportaran algo a mi vida. Yo ya creía estar completa, vivía toda la semana esperando al sábado para poder salir de fiesta, ese día lo vivía «a tope» y otra vez a esperar hasta el próximo sábado. Eso debía de ser la vida. Ya me había dado cuenta de que mi mundo de príncipes y princesas no era lo que yo había imaginado, así que desistí en mi búsqueda.

La cosa no podía ir peor hasta que un día mi madre nos animó a ir a un hospital para hacernos las pruebas de una enfermedad llamada SIDA. ¿Qué era el SIDA? En mi mundo de princesas no había lugar para ese tipo de cosas.

¿Qué tenía que ver el SIDA con nosotros? Pero en la vida real los médicos diagnosticaron anticuerpos de SIDA a mi príncipe. ¿Cómo tomó él esta noticia? Sinceramente no lo sé, porque en mi mundo de hadas no se aceptaba la enfermedad, no se hablaba de ella, y cuando se hablaba era para cubrirla con fantasía. Comencé a vivir una realidad paralela a la existente, no entraba en mis planes el SIDA. Así que opté por no hacer caso de ello, algo así como «si lo ignoras, no existirá».

Y ¿qué hay de mi milagro? Yo me hice las mismas pruebas de SIDA en aquel hospital y dieron como resultado negativo. Este fue un milagro de tantos otros que Dios hizo por mí, pero yo seguía sin ver ni entender lo mucho que Él me amaba. El pecado siempre opaca Sus bendiciones. ¿Por qué digo que fue un milagro? Yo estaba teniendo relaciones con Luis desde hacía muchísimo tiempo, siendo las pastillas el único método anticonceptivo que utilizaba, y una vez que dejé de tomarlas, no utilizamos más protección. Como he dicho, en mi mundo no entraba esta enfermedad por lo que tampoco tomé ninguna medida contra ella. Es más, si alguna vez estaba con Luis y pensaba en ella, mi mente corría a pensar que nada importaba en este mundo si él moría, así que si esta enfermedad le quitaba la vida, podía quitármela también a mí, pues sin él no quería seguir viviendo.

Los años que siguieron fueron pasando de hospital en hospital, puesto que la enfermedad iba evolucionando y Luis se iba deteriorando poco a poco. Siempre estuve a su lado en la medida en la que mi estilo de vida me permitía estar. Amaba a aquel chico por encima de todo, pero las ataduras y carencias que yo tenía me arrastraban en la vida por una espiral que no sabía cómo cortar. ¿Sabes cómo actúa alguien que vive en amargura? ¿Cómo se comporta alguien prepotente, autoritario, egocéntrico, egoísta y un sin fin de los peores calificativos? Así me comportaba yo. En una de mis rabietas, amenacé a mi madre con marcharme a vivir con mi novio fuera de casa, ya no soportaba vivir allí. No soportaba las normas, ni los horarios, ni nada que cortara el libertinaje en el que yo vivía y creía que quería vivir. Si solo conoces un mundo es difícil que puedas decidir vivir en otro, porque para ti, simplemente no existe.

Planteé a Luis la posibilidad de irnos a vivir juntos y él accedió, así que en menos de dos días estábamos viviendo juntos en mi antigua casa. Y aunque no creo en las casualidades, permíteme utilizar esta expresión: casualidades de la vida, allí estaba yo, recostada nuevamente en aquel viejo sofá en el que pasé tardes enteras pensando en mi príncipe azul, quien ahora estaba frente a mí. El piso en el que me crié estaba siendo ahora mi castillo, mi «nidito» de amor.

Transcurrieron alrededor de cinco años desde aquella fatídica noticia en la cual diagnosticaron anticuerpos de SIDA a Luis, y la enfermedad había pasado factura en él. Su rostro estaba totalmente demacrado, sus piernas apenas podían mantener en pie su cuerpo y su precioso pelo se había convertido en un pelo lacio, enfermo y sin vida. Pero mis ojos aún veían aquel maravilloso hombre con sonrisa arrolladora. ¡Qué felices íbamos a ser! Todo era perfecto en mi mundo de hadas. No solo no veía la realidad sino que no quería verla, era demasiado dolorosa para ser aceptada y continué resistiéndome a ella. Y ¿qué crees que faltaba en ese mundo? ¡Pues sí! Allí estaba, sin saberlo se estaba formando en mi interior un ser maravilloso, un ser que venía a sellar nuestro amor, un hijo. Tan solo a un mes de vivir juntos descubrí que estaba embarazada, así que le di la noticia a Luis, quien aquel día como tantos otros, estaba en cama con fiebre alta. Felices, con una vida por delante, un hijo en camino y proyectos que nunca iban a ser llevados a cabo. Es increíble la capacidad que tiene el ser humano de escapar del sufrimiento, o más bien la capacidad que tiene de escapar de todas las situaciones con una sola arma, la más poderosa de todas: la mente.

Como ya habrás imaginado poco duró la felicidad, pues al poco tiempo de irnos a vivir juntos nuestra vida se convirtió en una pesadilla, una pesadilla que intentábamos vivir de la mejor manera posible. Siempre había un día feliz entre veinte infelices, y allí llegaba ese día: 18 de noviembre de 1994, el nacimiento de mi primer hijo, Ortzi. Recuerdo aquel día en el hospital con aquellas horrorosas contracciones, viendo la llegada de mi hijo y la marcha de mi gran amor. ¿Cómo podría explicar lo que siente una joven de veintiún años sintiendo la vida dentro de sí y viendo la muerte en el exterior? Aquel horroroso dolor en mi cuerpo no superaba el profundo dolor en mi alma. Luis quería colmarme de atenciones y yo fingía recibirlas, pero su cuerpo apenas podía mantenerse en pie, así que salí de la cama como pude, ofreciéndole mi lugar para que pudiera descansar. «Estás cansado, cariño, hemos pasado mala noche, acuéstate que nadie te va a ver y descansa un poco», le dije ofreciéndole mi cama.

El dolor me hacía retorcerme mientras me agachaba buscando la mejor postura en el suelo, cuando de pronto se abrió la puerta y vi el rostro de una joven enfermera estupefacta ante aquella situación.

«¿Qué hace...?», es lo que alcanzó a decir antes de que yo la detuviera. «Por favor, no le diga nada, mi marido está muy enfermo y necesita estar acostado», le dije en voz baja. Aquella mujer no podía dar crédito a lo que veía y, sin mediar palabra, salió de la habitación dejándonos solos nuevamente. Recuerdo que quedé mirando aquellas gotas que caían por la ventana mientras mi alma se rompía en pedazos, no soportaba más sufrimiento. «¿Dónde estás Dios?».

Cuando el dolor llegó a su punto máximo, así como a la noche le sigue el día, mi llanto se convirtió en alegría. Nuestro hijo llegaba a este mundo cambiando todo nuestro luto en alegría. Ortzi llenó de vida nuestro hogar y otro milagro sucedía, el milagro de la vida. Además venía acompañado de un maravilloso regalo, un regalo divino, puesto que mi hijo y yo estábamos libres de anticuerpos de SIDA, milagro que una vez más pasaba desapercibido. Solamente pensé: «¿Cómo ha podido ser? ¿Acaso hay un Dios tan amoroso?». Sin darle más vueltas, ahí terminó mi pensamiento. Pero al poco tiempo de la feliz noticia del nacimiento de mi hijo, llegó la fatídica noticia, llegó la primera sentencia: SENTENCIA DE MUERTE. La enfermedad había ganado la batalla.

PRIMERA SENTENCIA

Nunca podré olvidar la imagen de aquella tarde en el balcón de la casa de mi madre. Allí estaba él, el príncipe que por años había esperado, sentado en el balcón con una bata que le resguardaba del frío y sosteniendo en su mano una hoja de papel mientras fumaba droga. Tengo que explicar que por aquel entonces, con tantas decepciones acumuladas, Luis había vuelto a consumir algunas drogas.

«Ana, ven un momento, tengo que hablar contigo». Acto seguido me acercó el papel que tenía en sus manos y me dijo «lee esto». Era un informe médico, no puedo explicar todo lo que sentí en aquel momento. ¿Qué había en sus ojos? ¿Dolor? ¿Miedo? ¿Qué pasaba por su mente? Lo que sí puedo decir es que mi mente volvió a ganar la batalla y volví a sumergirme en aquel maravilloso mundo de príncipes y princesas, donde el dolor no existía y donde las malas noticias se podían ignorar y dejaban de existir. Leí aquella nota sin pestañear, creo que reprimí tanto mis emociones que por un momento dejaron de existir. Allí estaba la sentencia de muerte que por años supe que tenía que llegar, la enfermedad estaba tan avanzada que ya tenía desarrollado el SIDA. Luis se estaba muriendo, dejaba este mundo mientras su hijo comenzaba a descubrirlo. Pero qué bueno era nuestro Dios que no tuvo en cuenta nuestras rebeliones, y vino a dar una nueva oportunidad a aquel chico de corazón increíblemente noble.

Aproximadamente dos meses más tarde, Luis me dijo algo que me asombró. «¿Sabes? Si el pastor viene a casa le voy a decir que quiero aceptar a Jesús en mi corazón, quiero entregarle mi vida». ¿Cómo? Nunca antes había mostrado mucho interés por las cosas de Dios, pues aunque acudíamos esporádicamente a la Iglesia, siempre creí que él lo hacía por amor a mí, y yo lo hacía por terror de Dios. No entendía qué había podido pasar en su interior o quién le había podido convencer, pero sabía que si él decía eso era porque lo había pensado y estaba dispuesto a hacerlo.

¿Imaginas lo que pasó? El pastor vino a mi casa y aquella tarde Luis aceptó al Señor Jesús como su Señor y Salvador. Fue maravilloso porque ahora puedo ver la gran obra de salvación que Dios había preparado para aquel precioso chico. Además, ese día también decidimos casarnos, puesto que mi hijo tenía unos dos meses y nosotros no estábamos casados. Preparamos una boda relámpago y al mes siguiente nos estábamos dando el «*sí, quiero*» en el juzgado. No fue la boda que siempre había soñado, vestida de blanco como una princesa y con un príncipe a mi lado que me llenaría de felicidad, pero en aquel momento era todo lo que se podía esperar. Una nueva alegría y una nueva tristeza, probablemente el día de nuestra boda fue el día más triste en la vida de Luis, ya que las relaciones entre su familia y yo estaban rotas y esto traía sufrimiento a su corazón. Lástima que no sabía todo lo que sé y que no veía las cosas como las veo ahora, pues todo hubiera sido de otra manera. Dios tuvo mucha misericordia de nosotros.

Un día, cuando él despertaba de la siesta, me dijo: «¿Sabes, Ana? He tenido un sueño. Soñé que estaba delante de Dios y le pedía que me sanara, entonces Él me tocaba con Su dedo y me sanaba, pero me decía algo así como *"pero no en esta vida"*». ¡Qué tremenda revelación! Dios le concedió un sueño que no cobró sentido hasta varios años después. Por supuesto que Dios lo sanaría pero de seguro no iba a ser en esta vida, pues ya estaba perdida. Sabemos que no hay imposible para Dios, pero Él ve siempre más allá de lo que nosotros alcanzamos a ver y fue Su voluntad llevarse a mi marido con Él. Dios siempre sabe lo que hace. Pero esta no fue su única experiencia con Dios, puesto que antes de aceptar a Jesús como su Señor y Salvador, Dios le dio otro aviso y arrebató su vida de las garras de la muerte.

Luis era marinero, pasaba días y noches enteras en el mar sin tocar tierra con la única visión de aquel gran océano rodeándolo. Supongo que esto le permitía tener mucho tiempo para reflexionar y pensar sobre lo que estaba haciendo con su vida. Y en una de esas frías noches de invierno, mientras él y toda la tripulación faenaban en busca de pesca, Luis cayó al mar. Prácticamente resulta imposible nadar en alta mar con ropas de pesca, las pesadas botas y toda la ropa de abrigo que uno se pone hacen que nadar allí sea, si no imposible, difícil o muy difícil. Pero si a esto le añadimos que él no sabía nadar, podemos imaginar mejor el milagro.

Recuerdo que ni él mismo tenía explicación para lo sucedido y creo que como él, todos los tripulantes de aquel barco. «He caído en el mar y no podía subir a la superficie, así que mientras iba hacia el fondo, pensé: *"voy a morir"*». Estas fueron sus palabras y después de esto ya no recordaba nada más. Lo único que podía contar era lo que los tripulantes de su barco le habían contado a él. Habían encontrado a Luis agarrado a una cuerda que salía del barco con el cuerpo semi congelado, pero vivo. Gracias a Dios estaba vivo. ¿Te has parado a pensar qué hubiera pasado con su alma si su vida hubiera finalizado allí?

Entre alegría y alegría, mi matrimonio era una desgracia. No hacíamos más que discutir y ya ni siquiera teníamos relaciones, porque su enfermedad estaba tan avanzada que a los seis meses de embarazo, no pudimos continuar. Nuestra vida era una vida de fiesta, una vida de alcohol, drogas y nada más. Todo en ella era un desastre, no había un orden en nada, no había vida, todo era muerte y destrucción. Pero con todo, yo seguía viviendo en mi propio mundo, en una vida de engaño. En mi mente no había un diez por ciento de realidad. Todo era una mentira en cuanto a mi relación de princesas, en cuanto a la enfermedad que se estaba llevando la vida de Luis y en cuanto a un futuro lleno de esperanzas e ilusiones que nunca llegarían. Mentira tras mentira creé mi propio universo, mi propio mundo.

CAPÍTULO 2

UN PASEO POR LA AGONÍA

Una noche, cuando volví a casa, descubrí que Luis no estaba allí. Al principio no me alarmé, puesto que él solía salir con su hermano, su cuñado y algunos amigos cerca de casa, pero pasaban las horas y no aparecía. Además, él ya no tenía el cuerpo para esos trotes, era imposible que no me avisara o que alguien no me dijera que estaba con él. Aquellos años no eran los de ahora, que con una simple llamada al móvil todo queda solucionado. Las cosas no funcionaban así y mi mente comenzó a tener mil pensamientos temiendo que aquella ausencia no fuera normal. No podía dormir y la noche iba avanzando, así que en mi desesperación decidí tomar unas pastillas que el médico le había recetado a Luis. Una de aquellas pastillas tenía la capacidad de dormir a un caballo, eran pura droga, así que me quedé dormida hasta la mañana siguiente, cuando fui despertada con el sonido del timbre de mi casa. Todavía puedo recordar la tristeza, la agonía y la angustia que pasé.

Y te preguntarás por qué no salí a buscarlo. No tengo respuesta, recuerdo aquella noche como una parálisis. No podía reaccionar, el temor me inundaba y solo quería dormir. Una vez más evadiendo el problema pensando que a la mañana siguiente despertaría y todo estaría solucionado. Como ya he dicho, no era de las personas que afrontaba los problemas, más bien, los sacaba de mi mente y me intentaba auto convencer de que todo iba bien.

Sonaba el timbre, era mi cuñado que venía a darme la noticia de que Luis estaba en casa de su madre. «¿Qué hace allí?», pregunté. Me contó que la tarde anterior le invitó a salir y tuvo un desmayo mientras fumaba droga, por eso decidió llevárselo a casa de su madre, pues yo no estaba en casa. Bien, me parecía bien, pero ¿por qué no le había traído? Algo me olía mal. Ni siquiera recuerdo cuáles fueron sus palabras exactas, lo que sí recuerdo es aquella fría expresión en su cara informándome de que mi marido se quedaba con su madre, y sin ninguna otra explicación, se fue.

En ese momento todo mi mundo se vino abajo, entré en el peor infierno que he vivido en esta tierra. Bajé inmediatamente a la cabina para llamar a mi madre y contarle todo lo sucedido, y en menos de diez minutos me presenté en casa de mi suegra para hablar con Luis. Tenía que darme una explicación, yo sabía que él me amaba y era imposible que me hubiera abandonado, algo tenía que haber sucedido. Toqué aquel timbre desesperadamente hasta que contestó una voz. «¿Quién?», era él. «¡Cariño…!». No pude decir nada más antes de que mi suegra se pusiera en el portero y con palabras textuales me dijera: «No vuelvas a venir a buscarle, no le vas a volver a ver ni muerto.» Y colgó. Creí que se paraba el mundo, toda mi vida se quedaba sin sentido. ¿Qué terrible plan era aquel? ¿Qué estaba pasando? Todo esto tenía que ser una pesadilla y en cualquier momento iba a despertar.

La casa de mis suegros estaba al lado de la policía municipal, lo que me hizo pensar automáticamente en pedir auxilio a la policía. Corrí desesperada hacia allí, alguien tenía que ayudarme. No podía pensar, no podía respirar, estaba viviendo algo que no parecía ser una pesadilla, pues no terminaba de despertar. Entre lloros y sollozos le conté al policía que me atendió toda la historia buscando comprensión y defensa pero, para mi sorpresa, no podían hacer nada. ¡No podía creerlo! No podían hacer nada para ayudarme.

Mi mente continuaba activa buscando la salida y pronto me acordé de la *Ertzaintza* (la policía autonómica del País Vasco), si la policía local no podía hacer nada seguro que ellos sí podrían. Corrí desesperada hacia el cuartel en busca de una ayuda que tampoco ellos pudieron darme. Un hombre me atendió con un especial interés y me animó a presentarme en el juzgado para contarle a la jueza todo lo sucedido. Él estaba dispuesto a ayudarme. Sin pensarlo tomé camino al juzgado, pero una duda saltó a mi mente. ¿Qué iba a contar? ¿Que habían secuestrado a mi marido? Era un poco ilógico, aunque yo sabía que de alguna manera así fue. No sabía si esta historia podía ser creíble y si así fuera, ¿cómo iban a sacarlo de allí? Me hablaron del allanamiento de morada, explicando que si Luis no ponía los pies fuera de casa, no podían sacarlo de allí.

Me parecía estar viviendo en medio de una película en la cual era protagonista sin quererlo. Tampoco llegaba a comprender por qué él no escapaba de su casa sabiendo que yo estaría esperándolo. Pero quería pensar que su estado de salud podía haber empeorado y a duras penas podría mantenerse en pie sin ayuda. Teniendo en cuenta que lo que estoy narrando sucedió aproximadamente un mes antes de su muerte, podemos imaginar su estado.

EL FIN DEL VACÍO

Aquella tortura en mi mente hizo que tuviera que recurrir a los tranquilizantes, mientras corría de aquí para allá buscando ayuda en alguien. Sin embargo nadie podía hacer nada, todos me ponían un montón de impedimentos diciéndome incluso que necesitaría tres años para conseguir una orden del juzgado, declarando que Luis no estaba en sus facultades y así poder llevármelo. Pero yo no tenía tres años, apenas tenía días y no quería que la amenaza de mi suegra se cumpliera. ¿Iba a morir lejos de su familia?

¿Iba a morir lejos de su hijo? La idea de la muerte, por años desterrada de mi mente, afloraba con fuerza trayendo mayor tortura a mi situación. Parecía que nadie podía ayudarme, pero hubo alguien que siempre estuvo dispuesto a hacerlo: mi Señor, mi Jesús. Aquel Dios cercano que ni siquiera conocía fue el que me ayudó.

¿Qué es lo que le queda al hombre cuando caen todas las fortalezas que lo rodeaban, y se ve indefenso? ¿Dónde acudimos cuando no queda ningún otro lugar? A Dios. Casi todos los seres humanos nos acordamos de Él cuando ya no queda nada más, cuando comprendemos que no somos nada y que nada tenemos sin Él.

Vivía totalmente drogada, los tranquilizantes calmaban mi ansiedad para poder seguir con mi plan de rescate. Una y otra vez llamaba a su casa con la esperanza de que Luis pudiera atender el teléfono, y decirle que le amaba y que estaba haciendo todo lo posible para estar a su lado. Pero la voz que siempre contestaba era la de su madre, diciéndome que me olvidara de él, que no llamara más y que él no quería saber nada de mí. Yo nunca creí sus palabras y esto es lo que me dio fuerza para seguir luchando. Por primera vez afronté el problema en lugar de evadirlo. Luis me amaba y por alguna razón que desconocía estábamos viviendo todo aquello, pero yo estaba dispuesta a llegar hasta el final.

"AQUEL DIOS CERCANO QUE NI SIQUIERA CONOCÍA FUE EL QUE ME AYUDÓ".

Nadie sabe todo lo que sufrí, mi marido estaba enfermo mientras yo estaba siendo privada de cuidarlo, y a su vez él estaba siendo privado de estar a mi lado y al lado de su hijo. Comencé a clamar a Dios como nunca antes lo había hecho. Vagamente recordaba un texto bíblico en el cual decía algo así como «lo que Dios ha unido no lo separe el hombre». Estábamos unidos en matrimonio y estábamos siendo separados. Clamé a Dios y levanté aquel texto pidiendo ayuda. Comencé a pedir a Dios una y otra vez que aquello fuera una realidad en mi vida, hasta que una noche, leyendo un libro de meditaciones llamado *Manantiales en el desierto*, pude escuchar Su voz: «Dios nunca llega tarde». Aquel texto saltó de la hoja, estaba dirigido a mí. No importa lo que puedas pensar, no importa si lo crees o no, sé lo que viví y sé lo que oí. No fue exactamente una voz a mi oído lo que escuché, más bien fue una voz a mi espíritu. Una voz que estremeció todo mi ser, una voz que encendió la fe en mí, una voz que me dio fuerza para continuar luchando. Él estaba dispuesto a ayudarme así que tomé Su palabra y la creí, y esto produjo un cambio en mi corazón. No estaba sola, pues Él peleaba por mí, y por primera vez volvía a sentir gozo en el corazón. «Dios nunca llega tarde», aquellas palabras retumbaron dentro de mi ser y corrí a contarle a mi madre mi experiencia. ¡Dios no va a llegar tarde! Pero, ¿tarde a qué? Ni siquiera lo pensé, pero sabía que Él me había dicho que no iba a llegar tarde y con eso me bastaba. Ella a su vez me contó que había hecho un pacto con Dios, haciéndole una promesa si Dios permitía que Luis muriera en mis brazos. «¿Morir?», pensé yo. Nadie estaba hablando de muerte, una vez más mi mente anuló esa idea.

Cuando pienso en todo aquello, uno de los mayores recuerdos que me queda es la sorprendente capacidad que tenía para evitar ver lo inevitable. Ya no me importaba lo que mi suegra pudiera decir, ni lo que estaba viviendo, ni nada de lo que sucediera. Dios acababa de hablarme, Dios acababa de decirme que Él no llegaba tarde. Tomé esta palabra con fuerza y me aferré a ella creyendo en mi corazón que Dios iba a devolverme a Luis. Así es Dios, un Dios de pactos, un Dios que cumple lo que promete.

Sonó el teléfono y nadie podía imaginar de quién se trataba. Realmente la fidelidad de Dios va mucho más allá de lo que uno puede imaginar. No sé cómo Dios hizo que aquella mujer pensara en mí, puesto que no teníamos ninguna relación, y tampoco sé cómo consiguió mi teléfono para llamarme, pero lo que recuerdo es que supe claramente que aquello era obra de Dios. La vecina de mi suegra nos llamó en secreto para decirnos que a mi marido se lo habían llevado en ambulancia al hospital. De nuevo una esperanza, de nuevo un latir intenso en mi corazón. Sin embargo la información que nos había llegado no correspondía a ese día, con lo que yo supuse que él ya no estaría en urgencias sino en una habitación en planta, o en el peor de los casos estaría de vuelta en casa. Pero no pensé en negativo, esta podía ser la puerta que Dios abría para llegar a mi marido, debía arriesgarme y presentarme en el hospital para intentar localizarlo, de todas formas no perdía nada en el intento.

Para que Dios pudiera obrar de manera sobrenatural, yo debía obrar mi parte natural. Tomé el coche y corrí por aquella carretera como si mi vida dependiera de llegar a aquel hospital lo antes posible. A las puertas, con el corazón latiendo a una velocidad vertiginosa y con el solo pensamiento de que Luis pudiera estar cerca, tuve que enfrentarme a otro episodio de película de ciencia ficción. A la entrada del hospital, donde se suponía que tenía que informarme del número de habitación en la que estaba mi marido, lo que hicieron fue informarme del número para, acto seguido, decirme que mi entrada al hospital para visitarle estaba prohibida. ¿Cómo? Era mi marido y si alguien tenía que prohibir algo era yo, nadie más. Así que no me quedé ahí parada, me había costado mucho llegar hasta él y ahora que lo tenía tan cerca no me iba a rendir. Hablé con mi madre acerca de una puerta de acceso a las habitaciones que había en la cafetería y corrí hacia ella dejando a mi madre atrás. Corrí aquellos pasillos localizando el cuarto de Luis, con un latir en el corazón tan fuerte, que parecía que mi vida terminaba en lugar de la suya.

Al día de hoy y escribiendo estas líneas, aún tiemblo y se estremece mi cuerpo al revivir en mi mente todo aquello. Abrí la puerta y allí estaba él, tan guapo, mi príncipe. ¿Por qué querían separarnos? Era mi marido, la persona a la que amaba. No sé si lo hice bien o no, no sé si alguien lo hubiera hecho mejor que yo, pero lo que sé es que dentro de mis posibilidades amé a aquel chico como nunca a nadie había amado. Corrí a abrazarle mientras su madre miraba estupefacta la situación. ¡Cuánto amaba a aquel chico! Él era toda mi vida y me lo estaban intentando arrebatar. Veintitrés días esperando aquel abrazo, veintitrés días privada de su compañía. Lo abracé con todas mis fuerzas, no podía hablar, no podía pensar, solo quería continuar allí pegada a él, cuando escuché una voz que venía hacia mí diciendo: «¿qué hace esta aquí?». El lugar se llenó de tensión. Era una de sus hermanas que corrió a agarrarme para sacarme de allí, mientras Luis, con las pocas fuerzas que le quedaban y en un estado lamentable, gritaba: «¡Déjala en paz! ¡Déjala en paz!». Forcejeamos y, entre chillidos, amenazas y empujones, ella y su madre me echaron de aquel lugar.

"ÉL ESTABA DISPUESTO A AYUDARME ASÍ QUE TOMÉ SU PALABRA Y LA CREÍ, Y ESTO PRODUJO UN CAMBIO EN MI CORAZÓN".

Una vez más, sola, con mis ropas rotas del forcejeo y aquel profundo sentimiento de tristeza. Nadie en el hospital quería saber nada del asunto. Una vez más las personas me abandonaban, pero una vez más mi Dios me recogía. Lloré amargamente mientras me dirigía a la cafetería en busca de mi madre, pero no estaba allí. No recordaba dónde nos habíamos separado, vivía con mi mente en mil sitios y en ninguno al mismo tiempo. Lloré desconsolada en aquella cafetería pero mi Dios estaba conmigo. Él a menudo obra a través de personas y esta vez puso a una mujer en mi camino. Nunca olvidaré lo que hizo por mí. En aquella barra y mientras lloraba amargamente, aquella señora, Garbiñe, se acercó a mí para consolarme mientras derrumbada le contaba toda mi historia. ¿Cómo puede ser que la persona que menos esperas es la que más te ayuda? Pues así sucedió.

Garbiñe ardió en ira y valientemente me dijo que ella vendría a acompañarme a la habitación donde tenían a Luis, y que tendrían que enfrentarse a ella si alguien intentaba impedir mi entrada. ¡Qué mujer! Justo lo que necesitaba en aquel momento. Una valiente que no temía a mi suegra ni a mi cuñada. Nos dirigimos a la habitación y Garbiñe abrió la puerta con tal ímpetu que mi suegra se quedó pegada a su silla. Pude observar que estaba sola, su hija no se encontraba allí, esto también debió de ser preparado por Dios, pues facilitó mucho las cosas. Volví a entrar en aquel cuarto para abrazar una vez más a mi amor, cuando escuché algo que no comprendí. «¡No me dejes!». ¿Cómo iba a dejarle? Le amaba más que a nada. ¿De dónde salía esa idea? Había luchado mucho todo ese tiempo para estar con él. Recorrí juzgados, policías, hice todo lo habido y por haber, y ahora escuchaba esto.

"NO ESTABA SOLA, PUES ÉL PELEABA POR MÍ, Y POR PRIMERA VEZ VOLVÍA A SENTIR GOZO EN EL CORAZÓN".

¿Por qué me decía eso? Pronto lo descubrí, pero en aquel momento le dije lo mucho que le amaba y que, aunque me habían denegado la entrada al hospital, estuviera tranquilo, pues yo iba a sacarlo de allí y llevármelo a casa.

«No te preocupes, ahora me tengo que ir, pero voy a volver y nunca más nos vamos a separar». Salí de allí con un gozo que inundaba todo mi corazón, cuando encontré a mi madre, que intentando localizarme para arriba y para abajo, consiguió hablar con Luis y su conversación aclaró aquella duda en mi corazón en cuanto al temor que él tenía a que le abandonara. Él confesó a mi madre que le habían hecho creer que le había abandonado marchándome con otro hombre. Nunca le dieron ni un solo aviso de mis llamadas, y las dos únicas veces que hablamos fueron aquella vez en la que le quitaron de sus manos el portero automático la mañana siguiente a su desmayo y otra ocasión parecida. Mi madre le contó todo lo que había luchado por estar a su lado, toda mi amargura y dolor, y echó por tierra cada una de las mentiras con las que le habían envenenado, plantando la verdad en su corazón. Entre ellos siempre hubo una relación especial.

Ahora que todo estaba aclarado solo quedaba la peor parte. ¿Cómo le sacaba de allí? Tenía prohibida la entrada y él estaba hospitalizado. ¿Qué sucedería? ¿Cómo iba a volver a aquel cuarto en el que seguro me agredirían? Tenía que hablar con el médico y pedirle una explicación de aquella situación, pues no era posible que me negaran la entrada al hospital. Pero las noticias de los forcejeos, los chillidos y las amenazas corrieron como la pólvora y pronto me culparon de todo. El médico estaba a favor de mi suegra y para empeorar las cosas me dijo que el hospital tenía normas internas, y dentro de ellas entraba la de llevarse al enfermo de alta quien lo había hospitalizado, en este caso mi suegra. Parecía que todo estaba perdido, pero no era así, yo tenía una promesa, ¿recuerdas? Pues Dios se encargó de cumplirla.

Intenté persuadir al médico para que hablara con Luis y respetara su voluntad, pero no funcionó. Tengo que añadir aquí que a Luis, debido a su enfermedad terminal y todo lo que vivió, las fuerzas le fallaban con asiduidad incluso para hablar. Muchas veces apenas podía articular palabra, así que en esta situación era muy difícil hablar con él. Nos entendíamos casi por señas y lo poco que hablaba le dejaba sin aliento. Por ello aquel médico no se molestó en hacer ningún intento sino que hablaba únicamente con mi suegra, cosa que empeoraba la situación. Pero en un momento de lucidez, propuso algo a lo que tuve que asirme como a un clavo ardiendo. ¡Un acuerdo! Llegaríamos a un acuerdo hasta aclararse la situación. ¡Qué maravillosa idea! El día tiene veinticuatro horas, así que nos propuso repartirlas a doce horas cada una, y yo acepté sin titubear. Habría entonces dos turnos, uno me correspondería a mí y otro a mi suegra. Por supuesto ella eligió las doce horas del día, pero yo solo deseaba estar a su lado, por lo que me parecía fantástico poder cuidarlo de noche. Abandonaba aquel hospital con el gozo de poder reunirme con él a solas a las doce de la noche de ese mismo día, ahí comenzaba el acuerdo. De doce de la noche a doce del medio día el tiempo me correspondía solo a mí.

Preparé todo para aquella noche y pedí a mi tío, el hermano de mi madre que vivía con nosotros, que me acompañara al hospital por temor a nuevos enfrentamientos. ¿Alguien puede imaginar dónde terminaron todos esa noche? Como si un ángel me hubiera escondido para pasar desapercibida de todo, allí estaba yo sana y salva, mientras que mi tío, mis suegros y mis cuñados, todos envueltos en un escándalo de chillidos y peleas, terminaron en urgencias acompañados por la policía. El guarda de seguridad del hospital no podía dar crédito a mi historia, pero Dios puso favor hacia mí en su corazón y me ayudó en todo lo que pudo.

Por fin sola, entré a su habitación con el firme propósito en mi corazón de no separarme nunca más de él. Aquella noche recibimos la visita de nuestro pastor y pude compartirle todo lo sucedido, después

43

Luis y yo tuvimos un tiempo maravilloso donde pudimos hablar de todas aquellas cosas horribles que nos habían acontecido y aclarar todo lo que había quedado en el camino. La pesadilla estaba llegando a su fin, o eso creía yo, y el Señor me había llevado todo aquel camino de Su mano. Le conté a Luis todo lo que había vivido, incluido todo lo que había vivido con Dios. Estaba aprendiendo a escuchar Su voz, y como siempre tuve una fe enorme para creer lo increíble, aquello no me parecía extraño. Ni siquiera lo pensé, solamente creí.

Esa fue una noche de victoria, aunque la guerra no estaba ganada, pues aún me quedaba una última batalla por ganar, llevármelo a casa. No podía dormir, quería recuperar todo el tiempo perdido. Hablamos y hablamos, o más bien hablé y hablé mientras él escuchaba, y allí tomados de la mano, fueron pasando las horas hasta que se quedó dormido. Me quedé allí mirando a aquel chico, a mi marido, al padre de mi hijo. Tenía tanto temor a la mañana…

¿Cómo iba a ir todo? ¿Qué sucedería? Se suponía que a las doce del medio día yo debía abandonar el hospital, pues si rompía el pacto perdía el derecho de entrar al hospital. ¿Qué iba a suceder? Tampoco sabía cómo habían terminado los demás la noche anterior. Deseaba quedarme con él, estando a su lado no me hacía falta nada más.

Las horas de aquella noche volaron y me tocaba salir, se acercaba la hora y no me atrevía a decirle que no me quería ir. Su madre tenía parte del día y yo no era nadie para quitarle ese derecho, a no ser que él mismo me pidiera que no me marchara. Así que comencé a hablarle de mi partida, tenía que marcharme pero volvería para estar de nuevo juntos aquella misma noche. Cuando de pronto me dijo: «¡No! No te vayas». Aquellas palabras casi me hacen desmayar. ¿Que no me vaya?

Luis me pidió que no me fuera de su lado y ya no importaba lo que el médico o las normas o su madre pudieran decir, su deseo era que yo no me fuera. ¿Cómo iba a negarme a semejante petición? Solamente deseaba estar a su lado, y lo que más deseaba era escuchar de su boca lo que escuché. «¡No te vayas!». Estaba totalmente convencida, y si tenía que volver a pelear lo haría, pero de aquella habitación me echaba la policía o no me echaba nadie. Iban pasando las horas y tengo que decir que mis nervios fueron aumentando, estaba decidida a lo que fuera, pero no sabía lo que iba a suceder cuando llegara toda su familia y me encontrara allí. Daban las doce del mediodía, mis nervios cada vez eran más fuertes. La una, las dos, las tres…

¿Dónde estaban mi suegra y su familia? Nadie sabe lo mucho que me alegré de no haberme marchado. ¿Quién se suponía que iba a cuidarle durante esas horas? Se estaba muriendo y apenas podía tocar el timbre para llamar a la enfermera, si yo me hubiera marchado, ¿quién le hubiera cuidado? Hoy puedo decir que Dios es soberano y lo tiene todo sujeto.

Ya habíamos comido y estábamos reposando en silencio, pues Luis de nuevo estaba sin fuerza. Así que ahí estaba yo, a su lado, para mover lo que me pidiera o traerle lo que necesitara, cuando de pronto se abrió la puerta del cuarto y apareció su madre, sola gracias a Dios. Ni siquiera había entrado en la habitación cuando comenzó a dar voces por todo el pasillo para llamar la atención de las enfermeras. «¡¿Qué hace esta aquí?!». Solamente gritaba y chillaba repitiendo la misma frase. Me agarré fuertemente a Luis y le dije: «no te preocupes que de aquí no me mueve nadie». En menos de un minuto, las enfermeras, los curiosos y el médico estaban allí para socorrer a mi suegra. El médico entró enfadadísimo en el cuarto. «¿Qué haces aquí? No puedes estar aquí, tenemos un acuerdo y si no lo cumples no se te va a permitir la entrada en este hospital». Comenzaron a amenazarme y a culparme de escándalo y de no sé cuántas cosas más. ¿Escándalo? Definitivamente aquel médico estaba ciego, en aquel hospital solo había una escandalosa y precisamente no era yo. Entre todos consiguieron volverme a echar al pasillo, donde me quedé en la puerta diciendo que no me iba y que no me importaba ningún acuerdo, pues el único acuerdo que yo tenía allí era con mi marido y él no quería que me fuera. No podía hacer nada, Luis que no hablaba, mi suegra que no hacía más que chillar y el médico que no me daba ni una sola oportunidad. ¿Por qué no entraba al cuarto a preguntarle cuál era su voluntad? Era un ser humano y hasta entonces nadie había contado con él. Supongo que el médico daba por hecho que tenía SIDA terminal y poco podía decir al respecto, pero se equivocó.

Esto que voy a contar está grabado en mi mente como un recuerdo vivo, es decir, puedo recordar cada sensación, cada palabra, cada gesto… ni siquiera el paso de los años ha conseguido borrar lo que sucedió. Fuera de la habitación, con el médico gritándome y supongo que las enfermeras llamando a seguridad para que me echaran, recuerdo que mi mente voló a Dios y tan solo dije:

«Señor ayúdame, ¡ayúdame!». ¿Crees en los milagros? ¡Yo creo! Siempre digo que una de dos: o mi vida ha ido de casualidad en casualidad o los milagros existen en ella.

«¡Ana! ¡Ana!». Un grito provenía de la habitación en la que solo estaba Luis y se suponía que no tenía fuerzas para hablar, mucho menos para gritar. El médico, con gran asombro, abrió la puerta para ver si realmente era mi marido el que estaba llamando a voces mi nombre y, cuando entró, quedó atónito. Era él, es más, se había incorporado en la cama para chillar más fuerte: «¿Dónde está mi mujer?». Esta pregunta me hizo estallar en lágrimas. «Aquí estoy, cariño, te he prometido que no te iba a dejar». Me agarré fuertemente a él mientras lloraba desconsolada. Mis lloros eran la descarga de un cúmulo de emociones y mucha tensión, pero a la vez eran lágrimas de gratitud por ver la mano de Dios obrando un milagro a mi favor.

Definitivamente Él me estaba ayudando, tuvo que ser Él quien dio un suspiro de fuerza a Luis justo en el instante en el que me iban a sacar del hospital prohibiéndome la entrada. Mi suegra, sintiéndose perdida, gritaba, chillaba y amenazaba, pero nada de eso le sirvió. Por fin el médico entró en sus cabales y, ante aquella situación, se dirigió a Luis y le dijo: «¡A ver! Tienes que decidir, ¿con quién te quieres quedar?» Nunca voy a olvidar esta frase, «¿con quién te quieres quedar?». Por fin tenía la oportunidad de decidir, por fin estaban teniendo en cuenta sus sentimientos. ¿Con quién se iba a querer quedar? Con una fuerza que solo podía provenir de Dios contestó: «¡Con mi mujer!». Con su mujer, Dios mío, estaba salvada. Luis se enfadó con el médico y este tuvo que rectificar y pedir a mi suegra que, por favor, abandonara el hospital. Llena de cólera, mi suegra intentaba poner a las personas en mi contra haciéndoles creer que yo estaba interpretando un papel, diciendo frases como «mira, mira cómo llora». No sabía nada de mí, no sabía cuánto amaba a su hijo. Comenzó también a decirle a Luis que mi tío le había ido a pegar y no sé cuántas mentiras más, a lo que él contestó: «poco es lo que te ha hecho», para dejarla pasmada y con mayor enfado aun, mientras recogía todas las cosas del armario del hospital para dejar a Luis con lo puesto. Nada nos importaba, ni siquiera nos dimos cuenta del detalle hasta pasadas unas horas, cuando al necesitar ropa para cambiarse abrimos el armario y descubrimos que no había nada allí. Pero como he dicho, nada nos importaba, estábamos juntos, solos y felices.

Acababa de ganar la guerra, el médico me autorizó para llevarme a Luis a casa con el alta, por lo que tuve que llamar a mi madre para que le trajeran ropa. ¿Acaso importaba algo? Realmente esta situación me daba lástima. Pero el que más lástima me daba en toda esta historia era Luis, él no se merecía sufrir así. Se levantaron inconscientemente contra él sin pensar en las consecuencias, pues ese día perdieron a su hijo y también a su nieto, nuestro hijo Ortzi, lo único que él dejaba en esta tierra.

Felices, entusiasmados por volver a estar juntos y poder reunirnos con nuestro hijo, salimos de aquel hospital rumbo a casa. Una vez allí, lo atendí como solo una mujer enamorada puede hacerlo. Preparé un baño con espuma de la manera que a él le gustaba y, milagrosamente, porque ahora que lo pienso no pudo ser de otra manera, conseguí meterlo en la bañera y después sacarlo de ella sin ayuda. Al día de hoy, las personas de mi alrededor que vivieron mi historia me preguntan de dónde salieron las fuerzas para mover aquel cuerpo casi inmóvil, que me doblaba en peso y en estatura, para bañarlo y atenderlo. No lo sé, lo que sé es que lo hice. Lo bañé, lo sequé y lo puse de nuevo en la cama. Pero que Luis se moría lo veía todo el mundo excepto yo, que volví a echar una cortina de humo a lo evidente y decidí creer en mi mente que podía salir de aquello como había salido de muchas otras durante los seis anteriores años.

Cuando miro las fotografías de aquella época en la que mi marido tenía dibujada la muerte en su rostro, no puedo creer que yo estuviera tan ciega. Pero puedo decir que esta ceguera me salvó de muchos sufrimientos. Al día siguiente y después de aquel baño maravilloso, él empeoró tanto que tuvimos que llevarlo al hospital de urgencia. «Te has enfriado, cariño» fue lo que le dije.

¿Enfriado? Pensarás que estaba disimulando ante una muerte segura pero no era así, mi ceguera hacía que yo creyera mis propias palabras. De hecho lo que sucedió en aquella sala de espera mientras lo atendían lo confirmó. Una de las enfermeras salió a mi encuentro y me preguntó si era su familiar, a lo que contesté que sí.

—Bien, —dijo ella— ya puedes llevártelo a casa.

—¿A casa? ¿Se encuentra mejor? ¿Cuánto tardará en ponerse bien?

—¿Ponerse bien? —respondió aquella chica sin salir de su asombro—. Tu marido se está muriendo y como mucho le quedan tres días.

—¡¿Cómo?! ¿Qué estás diciendo? —Esta chica se estaba confundiendo o era una aprendiz que no se enteraba de nada, pensé—. El médico me dijo que se pondría bien y que pronto se recuperaría.

—¿Cómo? —aún recuerdo el rostro perplejo de aquella chica—. ¿Qué médico te ha dicho eso? O tú entendiste mal o ese médico se equivocó.

Por un momento creí que me iba a desmayar, pero pronto volví a ganar la batalla en mi mente y una vez más me negué a lo evidente. Luis no solo no se muere, sino que se va a recuperar. Salimos en ambulancia del hospital y él no se acordaba de nada. «Ana, ¿dónde estoy?». Las fiebres altas le hacían desvariar. «No te preocupes cariño, ayer te bañé y debiste enfriarte, te han dado un medicamento fuerte para cortar la fiebre y pronto te vas a poner bien». Él perdía mucha sangre porque tenía dañadas las paredes del estómago, así que le hicieron una transfusión y lo enviaron a casa. Pero yo prefería pensar que se había enfriado y que lo del estómago no tenía mayor importancia. La mano de Dios siempre estuvo sobre mí, de otra manera hubiera terminado esquizofrénica.

De nuevo en casa, mi madre le preguntó a Luis cómo se sentía, a lo que él contestó que nunca más quería volver al hospital. Entonces ella le dijo: «¡Mira! Si no te llevamos, puedes morir aquí, ¿es eso lo que quieres?». Y él respondió:

«¡Sí!, es eso lo que quiero». ¡Dios mío! Era la primera vez que hablaban de muerte, gracias a Dios que yo no estuve en la conversación y que mi madre me lo contó mucho tiempo después. Otra de las cosas que Luis confesó a mi madre ese día fue el deseo que tenía de saber cómo sería su hijo de mayor, supongo que era consciente de que nunca lo sabría. Ellos dos hablaban de muerte entre ellos pero conmigo hablaban de vida. Estábamos engañándonos mutuamente, él me engañaba a mí y yo le engañaba a él, aunque en realidad lo que verdaderamente hacía era engañarme a mí misma.

Dios nos ha creado eternos, tú puedes creerlo o no, puedes aceptarlo o no, pero lo que no puedes hacer es escapar de esa realidad. Tarde o temprano morirás en este mundo para despertar en otro. Cerrarás los ojos en este mundo para abrirlos en otro. ¡Qué tremendo! ¡Jamás morirás! Lo quieras o no, lo creas o no. ¡Jamás morirás! ¿Qué quiere decir esto? Pues que vivirás eternamente, bien sea en la presencia de Dios o alejado de Él. ¿Estás preparado para ello? Hoy Dios puede estar dándote una oportunidad de cambio en el corazón, decide aceptarla. Esto era lo que estaba sucediendo en la vida de Luis, yo podía creerlo o no, podía aceptarlo o no, pero lo que no pude hacer fue retener la vida de Luis entre mis brazos. Mi mundo se venía abajo tan solo tres días después de haberle sacado con el alta del hospital, después de aquel infierno que viví durante veintitrés días en los cuales él no estuvo a mi lado. Pero una vez más Dios estaba allí presente entre nosotros, una vez más el amor y la misericordia de Dios se hicieron visibles en mi vida.

EL PRINCIPIO DEL FIN

Último día de fiestas en mi pueblo. Todos mis familiares estaban en la calle con lo cual me encontraba en casa sola con Luis. Nadie podía prever su muerte, así que simplemente era un día más como otro cualquiera combatiendo con su enfermedad. Pero aquella noche era diferente, la muerte estaba llegando y su partida con el Señor era inminente. Él me manifestó tener sueño, mucho sueño, más bien un sueño extraño. Quería dormir, se había cansado de luchar por vivir y lo que él quería era dormir, dormir con el Señor.

«Descansa tranquilo mi amor, cuando despiertes aquí estaré esperándote», dije yo. Algo dentro de mí sabía que no iba a despertar, pero de nuevo me resistía a aceptar la realidad. ¿Iba a permitir Dios que estuviese sola en un momento tan delicado? Por supuesto que no, uno a uno mis familiares, incluidos tías y tíos, comenzaron a llegar a casa. ¿Quién los traía?

Sonaban los fuegos artificiales de aquellas fiestas, no era lógico que ellos vinieran a visitarme a las once de la noche, así que solo podemos pensar que uno a uno fueron viniendo atraídos por mi precioso Señor. Él no iba a dejarme sola, por tanto usó las vidas, las palabras y los brazos de mis familiares para abrazarme, amarme y ofrecerme su consuelo. Mis seres amados fueron el instrumento que Dios usó en aquellos momentos para estar a mi lado.

Su respiración se entrecortaba y sus ojos estaban semicerrados. Sostuve su cabeza fuertemente, agarrando aquella vida como si de mi propia vida se tratase, no quería dejarle partir. Mis sueños, mis castillos de esperanza, todo estaba partiendo. Mi mundo se derrumbaba y mi cuento de hadas llegaba a su fin. En mi angustia solo podía decir: «perdona cariño, perdóname por todo lo que te he hecho». Tenía que liberarme de tanto sufrimiento y dolor que me atormentaba. Nuestras vidas no habían sido sino un campo de batalla, luchando contra nuestras heridas, vacíos y sufrimientos, hiriéndonos el uno al otro sin poder poner fin a todo aquello. Pero en medio del sufrimiento existía el amor, un amor que ni la enfermedad ni ninguna otra cosa pudo apagar. Nos amamos por encima de todo y de todos, nadie pudo apagar jamás el fuego de nuestro amor. Y ahora que la muerte estaba ahí presente sin poder pelear contra ella, hubiéramos pedido otra vida para poder comenzar de nuevo. El color grisáceo comenzaba a apoderarse de su rostro; sus labios, sus párpados… era algo que nunca había visto antes. Vi la muerte en él, vi la muerte tomando el cuerpo de Luis. Era como una sombra que avanzaba dejándolo sin vida, pero también pude ver el otro lado, pude sentir la vida, la vida de su espíritu siendo tomada por Dios. ¿Cómo explicar lo que viví? Es imposible. Esto formará parte de mis recuerdos hasta el día que yo también parta con el Señor. Podía recordar aquella preciosa promesa, Dios nunca llega tarde. No, Él no había llegado tarde, Él me permitió disfrutar de sus tres últimos días de vida y cumplió lo que prometió. Luis murió en mis brazos. Cómo amaba a aquel chico y cómo agradecía a Dios haber rescatado su vida, puesto que algún día volveríamos a encontrarnos en Cristo.

«Le dijo Jesús: Yo soy la resurrección y la vida; el que cree en mí, aunque esté muerto, vivirá. Y todo aquel que vive y cree en mí, no morirá eternamente.»

JUAN 11:25-26

Mi cuento de hadas llegaba a su fin, Luis moría y con él moría mi gran historia de amor para entrar en un abismo hasta ahora desconocido. Un abismo en el que no supe reconocer la presencia de mi Dios, pero pasados los años puedo ver cómo el Señor siempre estuvo a mi lado. Celebramos el funeral en la iglesia evangélica de mi pueblo acompañados por un gran número de personas, pero aún quedaba una última parte para cerrar el capítulo con su familia. Realmente yo no me acuerdo de mucho, dado a mi estado de ánimo, pero con el tiempo pude recapitular toda la historia y ver la gloriosa mano de Dios en ella.

Como dije, celebramos el culto fúnebre, al cual su familia no se presentó, y nos dirigimos al cementerio para dar el último adiós a su cuerpo. Y digo a su cuerpo, porque yo tenía clarísimo que en aquella caja solo estaba el cuerpo que Dios había regalado a Luis para el transcurso de su vida en esta tierra, yo sabía que él ya estaba en Su presencia. Pero había que enterrarlo y allí fuimos todos al cementerio. Nunca creí que tan gran número de personas iba a acompañarme. Temíamos posibles enfrentamientos con la familia de Luis, que aunque no habían acudido al entierro, suponíamos que estarían en el cementerio. Al llegar, di la orden al enterrador para que el ataúd continuara cerrado, pues el cuerpo había estado varios días en mi casa y se había deteriorado. Yo no deseaba que nadie viera a mi príncipe en aquel estado. Llegamos al panteón donde iba a ser enterrado y allí estaban ellos, sus padres, sus hermanos y mis dos cuñados. Todos frente a frente, ¡qué situación tan tensa! Dos familias enfrentadas.

Una última cosa desearía añadir a esta historia. Mucho tiempo después, recordando todo lo sucedido aquel día, algo vino a mi mente con gran claridad.

¿Recuerdas qué sucedió al día siguiente de comenzar mi pesadilla? Destrozada fui a llamar al timbre de mi suegra para hablar con Luis y ella contestó diciendo:

«No le vas a volver a ver ni muerto». Qué palabras tan duras, pero Dios no permitió que se cumplieran. Murió en mis brazos, vestí su cuerpo y lo enterré. Aunque me hubiera gustado que todo fuera de otra manera, se trataba de su hijo y no pensaron que este dejaba descendencia: nuestro hijo Ortzi.

"NOS AMAMOS POR ENCIMA DE TODO Y DE TODOS, NADIE PUDO APAGAR JAMÁS EL FUEGO DE NUESTRO AMOR".

Con la muerte de Luis se cumplía la primera sentencia: SENTENCIA DE MUERTE. Pero aún quedaban dos sentencias más por vivir.

LUTO Y CENIZA

Luis había dejado un gran vacío en mi vida, pero también había dejado algo muy importante en ella, un hijo. Un hijo de tan solo diez meses con cientos de necesidades por suplir y una chica que no era capaz de suplir las suyas propias. ¿Qué sería ahora de mi vida? Con tantas heridas, sufrimientos y todo lo que había en mi interior, era imposible que pudiera gobernar la vida de nadie cuando ni siquiera podía gobernar mi propia vida. Mi tormento no terminó con la muerte de mi marido, más bien creo que comenzó. Al día siguiente de su muerte y con su cuerpo todavía en casa, mi padre sufrió un ataque debido al síndrome de abstinencia. Era medio día, mi tía, mi madre y yo estábamos en casa, cuando de pronto escuché voces en el cuarto de mi padre. Entré deprisa para ver qué estaba sucediendo, cuando de pronto encontré a mi padre tirado en la cama, temblando y echando espuma por la boca. La hermana de mi madre, no sabiendo qué hacer, comenzó a orar al Señor, mientras mi madre quedó paralizada sin saber cómo reaccionar. Dios mío, no podía ser que ahora muriera mi padre, ¿qué estaba sucediendo? Rápidamente me acerqué a él para intentar reanimarle mientras mi madre reaccionaba y corría al teléfono para llamar al servicio de urgencias. A voces escuché a mi madre decir que mi padre no debía tragarse la lengua. Recordé entonces las veces que socorrimos a un amigo cuando sufría ataques epilépticos. Sin pensarlo abrí su boca e introduje mis dedos intentando sujetar su lengua para que la garganta quedara libre. Mi corazón se estaba convirtiendo en piedra, ya nada me afectaba. Me levanté, me lavé las manos y me marché. No sé cómo hubiera reaccionado hoy a todo aquello, lo que sé es que mis nervios en aquel entonces debían de ser de acero. Todo lo que sucedió en mi vida hizo que formara a mi alrededor un caparazón tan grande que ni yo misma podía entrar.

No terminó aquí la pesadilla. Mi padre se recuperó de aquello para entrar en algo peor. Creo recordar que fue al día siguiente del entierro, cuando escuché aquella escalofriante frase: «Ana, he visto a Luis». Mis ojos se abrieron como platos. «¿Que has visto a quién?». Desde luego, si aquello era una broma, era la broma más cruel que había oído nunca. Mi padre me lo volvió a repetir, y esta vez con mayor ímpetu: «Te he dicho que he visto a Luis, a tu marido».

"PODÍA RECORDAR AQUELLA PRECIOSA PROMESA, DIOS NUNCA LLEGA TARDE".

No se puede expresar con palabras lo que una persona siente cuando un día después del entierro de su marido, su padre afirma haberle visto. Vuelvo a decir que si no enloquecí con todo lo que viví fue porque Dios tenía un propósito con mi vida. Mi padre comenzó a detallar cómo había visto a mi marido, dónde lo había visto, cómo iba vestido y qué le había dicho. Mis intentos por hacerle entender que eso no era posible eran inútiles. Él afirmaba verlo, afirmaba mantener conversaciones con él y afirmaba que esa noche iba a volver a visitarlo. Aquello parecía el plan perfecto para desequilibrar a cualquiera, pero era solo un nuevo intento de Satanás para matarme en vida. Aquel día mí padre salió a la calle y a su vuelta, cuando fui a abrir la puerta, escuché que subía las escaleras hablando con alguien. Me escondí tras la puerta para ver con quién hablaba, teniendo el presentimiento de que hablaba con mi marido. No fallé, mi padre subía aquellas escaleras hablando solo, mientras él creía estar hablando con mi Luis, aunque supuestamente, solo él podía verlo.

Psicológicamente esto hubiera podido destruirme, pero de verdad, ya había vivido tanto que esto era solo una cosa más de todos aquellos horrores que me rodeaban. «¿Con quién hablas aita (padre)?», pregunté. «Con Luis, venía hablando con él». ¡Qué fuerte era escuchar aquello! No sé por qué entré en su juego, pero la cosa es que comencé a preguntarle qué le decía y si esa noche volvería a visitarlo. Su respuesta fue impactante, me dijo que le había dicho a mi marido que aquella noche viniera a visitarme a mí en lugar de a él. Si no hubiera sido que tenía al Señor en mi vida, estoy segura de que hubiera terminado enredada en el mundo de los médium y la hechicería.

"MUCHO TIEMPO DESPUÉS, RECORDANDO TODO LO SUCEDIDO AQUEL DÍA, ALGO VINO A MI MENTE CON GRAN CLARIDAD".

Sus palabras retumbaban en mi interior, no podía dejar de pensar en aquello que mi padre me había dicho. ¡Qué tontería! Era imposible que Luis estuviera allí. El Señor se lo había llevado y ahora estaba en Su presencia. Pero aquella frase no desaparecía de mi mente, «¡va a visitarte!». Una y otra vez pasaban estas palabras por mi mente. Quería anularlas pero ya había abierto la puerta a esa posibilidad en el corazón, por lo que esa noche, a oscuras y mientras todos dormían, llamé a Luis. Pensé mucho antes de decir aquello, pero finalmente dije: «¿Estás ahí?».

He dicho que creo en los milagros, por tanto creo en el Dios de los milagros, pero ahora digo que también creo en los demonios y en el dios de los demonios, Satanás. Nunca olvidaré aquella experiencia, aquella presencia fría y lo que allí sucedió. Durante los últimos días de vida de Luis, debido a su imposibilidad para hablar, nos comunicábamos mediante señas. Y una de las cosas que más hacíamos era posar nuestras manos una encima de la otra, es decir, mi mano encima de la suya o su mano encima de la mía, pues a él le faltaban las fuerzas incluso para agarrarla. Entonces esta era la manera que utilizábamos para decirnos «te quiero» y «estoy aquí». Pues bien, aquella noche, cuando hice aquella pregunta, sentí una presencia en mi cuarto y una mano que se posaba sobre la mía. No había nada de romanticismo en lo que pasó, el terror inundó todo mi cuarto y todo mi ser. Encendí las luces a punto de darme un infarto y automáticamente me puse a orar a Dios. Sabía que aquello no podía provenir de Él, me había dejado engañar. Luis estaba en Su presencia y era imposible que pudiera estar allí. Además, esta era una práctica pagana, la cual Dios siente abominación.

> «No sea hallado en ti quien haga pasar a su hijo o a su hija por el fuego, ni quien practique adivinación, ni agorero, ni sortílego, ni hechicero, ni encantador, ni adivino, ni mago, ni quien consulte a los muertos. Porque es abominación para con Jehová cualquiera que hace estas cosas.»
>
> DEUTERONOMIO 18:10-11

¿Qué estaba haciendo? El velo cayó de mis ojos y decidí confrontar a mi padre con todo aquello, así que al día siguiente fui a su cuarto a hablar con él. Él me había contado que Luis se le había aparecido en la ventana leyendo un periódico y que le había dicho que se tirara por la ventana, pues en la otra vida se estaba mejor que en aquella. Confronté aquella mentira con la verdad de Cristo y mi padre dejó de ver a Luis y dejó de hablar de él. No tenía el conocimiento que tengo ahora de todo ese mundo, pero Dios volvió a ganar la batalla, reprendiendo a Satanás de la vida de mi padre.

Satanás utilizó todo aquello para intentar hundirme de nuevo e intentar a su vez que mi padre se suicidara tirándose por la ventana, creyendo aquella mentira de que en la otra vida estaría mejor que en esta. Cosa en la que una vez más falló, gracias al poder de mi Dios. Sin duda en la otra vida estaremos mejor que en esta, pero nunca con un suicidio de la mano del diablo, sino con una muerte en el tiempo de Dios. Mi padre continuó con su vida y nunca más habló del tema.

CAPÍTULO 3

NUEVOS INTENTOS

Comencé a estudiar de nuevo, quizás podría recuperar los años perdidos y encaminar mi vida a un futuro mejor. Mi vida no andaba bien, y todos mis intentos de rehacerla y llenar aquel vacío que me acompañaba eran inútiles. Siempre estaban presentes la sombra de la desolación, la soledad y la tristeza en mí.

Mi hijo y yo nos habíamos mudado a vivir a casa de mis padres definitivamente. Tengo que agradecer a mi madre por la ayuda que me prestó todos aquellos años, de no haber sido por ella no sé dónde estaría ahora. Vivíamos todos juntos: mis padres, mi hermana, mi tío, mi hijo y yo. No fue fácil volver a casa, yo tenía mi libertad y ahora tenía que volver a aquel hogar que me parecía un infierno. El problema de mi padre con el alcohol tampoco ayudaba a que la convivencia fuera maravillosa, mi madre tenía que ocuparse de todos nosotros, mientras que yo, solo quería evadirme una vez más del sufrimiento y de aquella cruda realidad, por lo que nunca estaba en casa. Estudiaba y por las tardes solo pensaba en salir rápidamente de casa y liberarme de todo aquel ambiente que me oprimía psicológicamente. Mi hogar no era el que hubiera deseado, pero el verdadero problema estaba en mí. ¿Y qué había de mi relación con Dios?

Como he contado, había vivido experiencias únicas con Él, sabía que estaba ahí, que era real, que me había hablado, ayudado y respaldado. No solo era consciente de Su existencia, sino que sabía que estaba esperando una respuesta de mí, es decir, entregarle mi vida al cien por cien. Pero saber todo esto y vivir todo lo que viví, a veces no es suficiente para entregarse totalmente a Él. Muchas personas al escuchar mi testimonio me hacen esta pregunta, ¿cómo pudiste vivir esa experiencia con Dios y volver atrás?

PRIMER INTENTO: EL TEMOR

A lo largo de mi vida, fueron varias las ocasiones en las que me acerqué a Jesús para ver si Él podía hacer algo por mí, pero nunca había resultado.

¿Terminaría aquí mi búsqueda? Dos años antes de aquella trágica vivencia, el 23 de octubre del año 1993 concretamente, entregué mi vida a Cristo, o por decirlo de otra manera, me levanté en el llamado que mi pastor hizo en uno de los cultos para entregar nuestra vida a Jesús. El temor a morir sin Dios me hizo reaccionar. Me levanté automáticamente de aquel asiento para pasar al frente. En aquel momento creí que finalizarían todos mis problemas, ansiedades y temores, nada antes había sido tan maravilloso como lo que sentí. Tenía la sensación de haber tomado la decisión más acertada de mi vida. Cuando salí de aquella vieja escuela en la que se celebraban los cultos, creí haber encontrado todo lo que hasta ese momento había estado buscando.

Recuerdo perfectamente cómo me sentía, algo en mi interior había cambiado, no quería beber alcohol, no quería fumar, no quería fallar a Dios. Me sentía diferente, ahora sí, llevaría la vida como siempre había soñado. No quería hacer nada que ofendiera a mi Dios, quería ser «santa». Creía que todo sería maravilloso, simplemente tenía que limitarme a no hacer nada pecaminoso y todo iría muy bien. Comencé a pensar en el bautismo, pues algunas personas que asistían a los cultos iban a celebrar el suyo y me animaron a prepararme para celebrarlo junto a ellos. ¡Estaba tan ilusionada! Pero algo comenzó a fallar. Ya había sido muy bien instruida en todo lo que no se permitía hacer, es decir, una larga lista de prohibiciones llegaba a mi vida juntamente con el gozo de la salvación. ¿Pero por qué todo resultaba tan difícil? Parecía tan sencillo y a su vez era tan complicado.

«Sencillo», esa palabra se fue convirtiendo en mi martirio. Todo era muy sencillo, muy sencillo para todos aquellos que daban las órdenes, pero no para la persona que intentaba cumplirlas. Me esforcé al máximo por cumplir todo lo que se suponía no tenía que hacer, pero, ¿qué pasó? Que no conseguía dejar de hacer todo aquello que por años había estado haciendo, así que comencé a entrar en el círculo del peca–confiesa–peca, y así poco a poco comencé a creer la gran mentira: «¡Tú no eres digna!». Esta vida de cristiana tenía que ser válida para otro, alguien con mayor fuerza de voluntad que yo, porque estaba visto que para mí no lo era. Ni siquiera llevaba un mes en el evangelio y ya me había saltado todas las normas establecidas. A pesar de mi duro esfuerzo y trabajo por ser fiel a Dios, aquello no resultaba. Recuerdo cada mañana diciéndome a mí misma: «¡Bien!

Hoy es un nuevo día, voy a estar vigilante para no pecar en nada, hoy comienzo de cero». Pero no había pasado una hora cuando ya había cometido diez pecados o más. Un mal pensamiento, un cigarro que volvía a ganarme la batalla, un chillido y así un sinnúmero de cosas. Por ello, la idea de bautismo ya había sido anulada en mi mente. Esta vida no era para mí, yo no era digna de Dios, pues no podía lograrlo. Este era mi pensamiento de aquel entonces. Seguramente sabrás lo equivocada que estaba, pero ahora estoy pensando en todos aquellos que viven como yo vivía entonces, intentando ganarse el amor y la misericordia de Dios sin saber lo equivocados que están, sin saber que ese no es el camino.

Leía en la Biblia que Jesús amaba al pecador y aborrecía el pecado, esto quería decir que no me aborrecía a mí a causa de mi pecado. Pero yo me sentía aborrecida, mis ataduras hacían que el sentimiento de indignidad fuera creciendo. Todos aquellos «no puedes» me hirieron profundamente.

EL TORMENTO DE UN CORAZÓN HERIDO

La equivocación de creer que aceptar a Jesucristo como Señor y Salvador traía consigo una vida maravillosa, en la que desaparecían las ataduras y los malos hábitos instantáneamente, me martirizó hasta el punto de no querer haber existido jamás. Volví a sentir aquel sentimiento de profunda tristeza en mi interior. No estaba muerta, estaba viva y con Cristo, pero me sentía paralizada, algo superior a mí me dominaba y me impedía avanzar hacia lo que había determinado y me habían enseñado. «Eres nueva criatura», lo leía en la Biblia, los hermanos me lo repetían, pero en mi interior me sentía la misma persona con sentimientos de indignidad y sin valor. No había comprendido todavía que cuando recibí a Cristo, recibí instantáneamente la salvación, es decir, la victoria sobre la muerte, el regalo de la vida eterna. Pero lo que no recibí de la misma manera fue la sanidad del alma. Esto requería un proceso mayor.

«Para que se cumpliese lo dicho por el profeta Isaías, cuando dijo: El mismo tomó nuestras enfermedades, y llevó nuestras dolencias.»

MATEO 8:17

¿La sanidad física y espiritual llega de la misma manera? Yo creía que sí y esperaba que así fuera en la vida de Luis. Muchos son sanados instantáneamente de sus enfermedades físicas, pero ahora sé que otros muchos no lo son. A la luz de la palabra de Dios, Jesús tomó nuestras enfermedades y se llevó nuestras dolencias. Pero esto no supuso en mi vida que todo fuera instantáneo, recibí a Jesús y entré en un proceso de sanidad. Luis aceptó a Jesús y continuó sufriendo las consecuencias del SIDA y finalmente murió. ¿Por qué su enfermedad no desapareció? Podía haber sucedido pero no sucedió. De la misma manera, las dolencias de mi alma no desaparecieron automáticamente por el hecho de haber aceptado a Jesús. El texto dice que Él toma nuestras enfermedades y lleva nuestras dolencias, pero ni lo uno ni lo otro se da automáticamente en nuestras vidas.

Las dolencias y debilidades no son enfermedades físicas y tampoco son pecados, por tanto no podemos darles el mismo trato que a estos. Son heridas del alma causadas por todos aquellos sucesos y experiencias traumáticas que hemos vivido y que han dejado dolor en nuestro corazón, es decir, han dejado huella. Una huella que se ve reflejada en nuestro carácter, en nuestras actitudes y en la forma de reaccionar a determinadas situaciones, en definitiva, han dejado una huella muy honda en nuestro interior que necesita ser tratada y sanada.

Los pinos registran en sus anillos toda la información de sus vidas, esto hace que los biólogos, con solo mirar estos anillos, puedan saber, por ejemplo, el año en que hubo un incendio o una sequía, entre otras cosas. De igual manera mi corazón tenía sus propios registros, toda dolencia y acontecimiento traumático quedó grabado en mi interior. Llegué a Cristo y me gocé, las personas me dieron la bienvenida, nació el primer amor y me citaron promesas tales como:

«De modo que si alguno está en Cristo, nueva criatura es; las cosas viejas pasaron; he aquí todas son hechas nuevas.»

2 CORINTIOS 5:17

Me veía obligada a caminar como una nueva criatura. Intenté tomar la espada, que es la palabra de Dios, ponerme la coraza de justicia, el casco, el escudo... no quería dejarme nada. Y allí me encontraba yo con una armadura que le iría muy bien a un sano, pero no a un herido. Era un soldado del ejército de Dios, bien adornada por fuera pero herida por dentro. Pronto descubrí que no podía cargar con la armadura, las heridas de mi interior hacían que el peso del evangelio fuera dificilísimo de llevar. Sufría y no comprendía por qué sufría. Ya estaba en Cristo, ¿qué sucedía entonces? Me comportaba como no quería. Esta idea de «no voy a poder» entró con fuerza en mi mente y comenzó a hacerme creer que no valía, que no servía para nada. Me desgastaba luchando con todas mis fuerzas contra hábitos cuya raíz no había descubierto aún, por tanto me parecían imposibles de vencer. Era como una poda en la que yo intentaba cortar y cortar las ramas, solo para descubrir que pronto crecían más fuertes. ¿Qué es lo que necesitaba? Necesitaba sanidad y liberación. Reconocer que estaba herida y que necesitaba ayuda, este fue el comienzo de mi libertad. Di autoridad a mi amado Jesús para traerme revelación acerca de la raíz de cada una de mis heridas, y me hizo entender que Él también murió por mis dolencias. Tenía el alma herida y nunca hubiera podido avanzar en ese estado. Sufría las consecuencias de esas heridas sin saber siquiera que existían. Nunca nadie me habló de ellas, ¿cómo iba a entender entonces que había una raíz? Iba pasando el tiempo y esto solo lo empeoraba todo. Al contrario de lo que se dice, el tiempo no curaba nada, solo era un aliado de Satanás para destruir cada vez más mi identidad a través de mi herida. Estos conflictos no resueltos en mi interior afectaban a mi desarrollo personal y emocional, a mis relaciones interpersonales y ¿cómo no iban a afectar también a mi servicio a Dios? Satanás usaba mis heridas para hundirme, paralizarme y mantenerme en condenación.

"ERA UN SOLDADO DEL EJÉRCITO DE DIOS, BIEN ADORNADA POR FUERA PERO HERIDA POR DENTRO".

A causa de esto tenía una actitud que me avergonzaba y Satanás me acusaba de tenerla. Con un sentimiento de culpabilidad que me inundaba, oraba al Señor para no comportarme de esa manera, pero la raíz no había sido arrancada, y nuevamente lo volvía a hacer. Satanás volvía a acusarme de nuevo y así sucesivamente. Entraba en un círculo de desgaste dando vueltas y vueltas, pecado–acusación–confesión y vuelta al pecado–acusación– confesión.

Este ciclo terminó con la intervención de Jesús como sanador del trauma que estaba siendo la raíz de la actitud. Fue un tratamiento de amor, pero como todo tratamiento tenía su precio y sus dificultades. No fue fácil, pero valió la pena ser tratada por Dios. El tiempo jamás va a sanar nada ni a nadie. Toda sanidad comienza con la intervención de Dios.

¿Por qué nadie pudo ver en mí a una chica herida, en lugar de entregarme una lista repleta de normas y reglas? Toda aquella presión resultó en una batalla perdida. Estaba herida y me sentía incapaz de continuar, de modo que lo abandoné todo. Y aquel gozo y aquella alegría que habían invadido mi vida el día de aquella decisión me abandonaron también. A pesar de todo, nunca quité a Dios de mi corazón, aunque continué caminando en mis propios caminos.

Hoy puedo entender que todo lo que viví me ayudó a formar una nueva mentalidad. Puedo amar al pecador sin amar su pecado. Entendí que soy amada por Dios, independientemente de lo que hago, y esto es solo por Su gracia. El Espíritu Santo es quien me guía a una vida de santidad desde el momento en que decido creer y obedecer. Cuanto más obedezco, más le conozco y en consecuencia más le amo. Por eso hoy en día, cuando alguna persona con problemas de droga, alcohol o cualquier otro vicio llega a la iglesia, jamás menciono las palabras «no puedes». Mis recuerdos hacen que salten todas las alarmas cuando escucho un «no puedes». Intento no decir nunca «para ser creyente no puedes fumar o no puedes beber o no puedes…», puesto que este trabajo no me corresponde hacerlo a mí, sino al Espíritu Santo que guiará a esta persona hasta finalizar Su obra en ella. Pero esta labor puede no ser automática, puede tardar días, meses o incluso años, como lo fue en mi caso. Ahora, puedo decir desde la experiencia que amar al pecador, respetarlo y esperar a que Dios haga el resto, trae resultados mucho más victoriosos que al contrario. Los largos pergaminos de normas y restricciones pronto harán que el nuevo creyente desaparezca de la Iglesia con un sentimiento de culpabilidad e indignidad, o quede en ella siendo un religioso más. Yo no podía pero Cristo pudo en mí.

SEGUNDO INTENTO: EL BAUTISMO

Como ya he dicho, transcurrieron dos años entre estos dos intentos, pues el segundo gran intento por encaminar mi vida a Cristo fue tras la muerte de mi primer marido. Aquella experiencia y todo lo que viví juntamente con ella marcaron de alguna manera mi vida, y quince días después de su muerte pedí ser bautizada en la iglesia, concretamente el 1 de octubre de 1995. Una nueva oportunidad, una nueva vida, pensé yo. Junto a mi bautismo me entregaron un diploma con un versículo:

«De modo que si alguno está en Cristo, nueva criatura es;
las cosas viejas pasaron; he aquí todas son hechas nuevas.»
2 CORINTIOS 5:17

Otra vez el versículo de la nueva criatura. ¿Qué quería decir? Este versículo no había tenido ningún sentido en mi vida. Tiempo atrás luché por ser esa nueva criatura y no lo había conseguido. ¿Lo conseguiría ahora? de nuevo a empezar en el primer amor, había visto de cerca el Dios de los milagros, de hecho no tenía SIDA, esto ya era un gran milagro, y las circunstancias que rodearon la muerte de mi marido también tenían el sello de Dios. Entre tantos prodigios y milagros, no podía negar que Dios fuera real, por tanto no podía rehusar entregar mi vida a Cristo. Además, esta vez iba a conseguirlo, pensaba yo. Estaba segura de tener fuerzas para ser la mejor creyente del mundo. Pobre de mí, ¿a dónde creía que iba a llegar así? Luchaba en mis fuerzas, y esta vez sí que luché con todas mis fuerzas. Pero tampoco resultó, todavía no había descubierto ni una sola de mis muchas heridas y mucho menos su raíz. Así que luchaba y luchaba contra hábitos, actitudes y complejos, sin mucho éxito.

En este tiempo de luchas y desgaste, el Señor me permitió conocer un precioso matrimonio de Baracaldo, Ignacio y Flor, que al día de hoy conservo como dos grandes amigos a los cuales Dios me ha unido de manera muy especial. ¡Alguien creía en mí! Aparte de mi madre, este matrimonio vio algo que nadie más supo ver. Me amaron, me cuidaron, me aconsejaron y tuvieron la paciencia que nadie hasta entonces había tenido conmigo, así que fueron un gran pilar en mi vida. Por decirlo de alguna manera, me adoptaron los fines de semana en su casa y comencé a salir con ellos escapando de mi antigua vida y buscando agradar a Dios. Cada fin de semana era una lucha insoportable; luchaba contra el tabaco, luchaba contra el alcohol, luchaba contra mis actitudes... luchaba, luchaba y luchaba. A esto hay que añadir que Satanás andaba como león rugiente buscando a quien devorar, y evidentemente yo era presa fácil.

Con este matrimonio comencé a tener otras amistades, amistades cristianas, y comencé también a relacionarme con los miembros de la iglesia a la que ellos asistían. Personas que yo consideraba mucho más dignas del amor de Dios que yo. Personas que yo pensaba que vivían una vida santa, íntegra y digna, es decir, todo lo que yo anhelaba vivir, sin conseguirlo.

Solo deseaba escapar de mi vida de pecado y convivir con aquella gente que pensaba serían un ejemplo para mí, pero no sucedió así. Descubrí que el mundo que yo idealizaba era solo eso, un mundo idealizado, un mundo inexistente. ¡Dios mío! No sé cómo sobreviví a todo aquello. En mi nueva vida en Cristo me habían hablado de un enemigo, Satanás, pero nadie me explicó cómo actuaba, por lo tanto no supe combatirlo. Ignoré sus maquinaciones y esto me costó caro. Comencé a convivir con las críticas, la murmuración y otras cosas negativas a mi alrededor. Venía muy herida del mundo y no me veía con fuerzas para continuar soportando y luchando contra las mismas acusaciones. Estas ahora tenían mucho mayor impacto en mi vida, pues provenían de algunas de aquellas personas que yo idealizaba. ¿Dónde estaba mi refugio? y

¿dónde estaba Dios? El amor del que me hablaban no era visible en muchas de aquellas personas. Ahora sí, no sabía dónde más podía correr. Iba subsistiendo como podía y cada domingo acudía a la iglesia esperando encontrar allí el amor que infelizmente nunca encontré. A todo esto había que añadirle la situación familiar que vivía en casa. La falta de autoridad, el alcoholismo de mi padre y muchas otras cosas que preferiría no mencionar, hicieron mella en mí. Vivía en amargura, vivía soñando escapar de mi hogar, así que comencé de nuevo a soñar con un nuevo amor, un amor que me ayudara a salir de aquel lugar que yo consideraba un infierno. ¿Dónde estaría mi nuevo príncipe azul? En realidad no tenía necesidad de ningún chico, la única necesidad que tenía era la de escapar de mi mundo, y todavía no había entendido que no era el hombre quien tenía la capacidad de traer la felicidad y el gozo a mi vida, sino Dios.

Cada vez era más difícil luchar contra la vieja naturaleza o contra la vida que había decidido dejar atrás. Mis amigos seguían su rumbo, comencé también a pensar en todo aquello del pasado, comencé a mirar atrás, pensaba en aquellas noches de fiesta, noches enteras sin dormir en busca de aquel

«algo» que todos perseguíamos, pero que al alba nadie había encontrado. Tal vez aquel era el camino, tal vez ese era mi lugar. Dentro de mí había un conflicto, sabía que no debía volver allí, pero me estaba resultando imposible luchar contra ello. Y al mismo tiempo, me estaba resultando imposible vivir la vida cristiana que se suponía que debía vivir. Hacía ya mucho tiempo que vivía esa vida que yo consideraba de monja, en la cual Dios brillaba por Su ausencia y me estaba resultando una situación insostenible. ¿Dónde estaba ese Dios tan cercano que había conocido en el tiempo que moría mi marido? ¿Qué había sido de todo aquello? Comencé a confundirme.

Hay que comprender que nací y crecí con unos esquemas religiosos muy bien estructurados, y el colegio de monjas en el que estudié tampoco me ayudó a creer en un Dios de relación, sino en un Dios de religión, con lo que al llegar a Cristo es difícil que todo esto desaparezca de tu mente y de tu corazón en un instante. Todo esto sumado a otras posibles causas hicieron que poco a poco me fuera alejando de aquello que viví y fuera cuestionando en mi mente si el Señor era tan real como lo había vivido o no. ¡Con qué facilidad el ser humano olvida las cosas! La amargura iba creciendo en mí, cada día me parecía un infierno vivir. En mi círculo cercano de amistades no había conocido a nadie que viviera el Dios que yo viví. Sí, estaba equivocada en cuanto a Dios, esto quería decir que Él era aquel Dios estricto lleno de normas por cumplir que por años me habían enseñado. Es decir, un Dios lejano e inalcanzable para mí.

Volvía a casa, volvía a la única vida que conocía. Convencida de no ser digna del amor de Dios e incapaz de cumplir Sus mandatos, comencé a alejarme poco a poco. No estaba hecha para el evangelio y para la vida en clausura que creía tenía que vivir. Me había vuelto a equivocar, aquel no era mi lugar. En el mundo de la religión estaba visto que no encajaba, ¡y gloria a Dios que no encajé! Mi lugar estaba junto a mis amigos, en los bares, en las discotecas y en el único mundo que conocía. Cualquier día comenzó a ser bueno para salir, beber y divertirme. Ya no tenía que esperar a un sábado, todos los días eran adecuados para evadirme de mi mundo a un mundo irreal. Mi vida comenzó a deteriorarse de nuevo y esta vez con mayor fuerza que la vez anterior. Solamente existían las fiestas, nada más importaba, nada más tenía valor para mí. Poco a poco volví a adentrarme en aquel mundo que yo misma había decidido dejar atrás, pero antes de caer por el precipicio, vi una nueva salida, Cuba.

TERCER INTENTO: CUBA

No debemos olvidar que Dios veía lo que nadie más podía ver. ¡Mi corazón! Fueron muchas mis idas y venidas, pero Él siempre estuvo a mi lado. No quiero decir con esto que no sufriera, pues ya sabemos que todos recogemos lo que sembramos y no iba a ser yo una excepción. Pero he de decir que de alguna manera hallé gracia ante Sus ojos, porque Él vino a socorrerme. Ni una sola noche me acostaba sin antes hablar con Él y pedirle que me salvara, pues ya he dicho que siempre supe que no andaba bien.

Pronto llegó otra esperanza, una nueva ilusión, a la vez que un nuevo intento para encaminar mi vida. Comenzaría de nuevo, allí llegaba mi gran oportunidad. ¡Cuba! Qué lejos y qué bien sonaba, ¡Cuba! Sería perfecto para empezar una nueva vida. Quince días en Cuba serían suficientes para tomar otro rumbo y cambiar de dirección. Vendría con la vida resuelta. ¡Qué ilusa! Una vez más pensé en escapar, escapar del mundo que me rodeaba y de todo aquello que yo consideraba hipocresía y no integridad. Y allí, alejada de todo, podría cobrar fuerzas y comenzar de nuevo. ¡Otro gran error! Una vez más creí poder ir en mis fuerzas y no en las de Dios.

Con mi trasfondo católico, todo lo que viví en el colegio de monjas donde cursé mi EGB (Educación General Básica) y lo que viví en mis dos primeros intentos por acercarme a Dios, me costaba mucho entender que no tenía que ganarme el amor ni la salvación que Dios me regalaba, me costaba entender que fuera un regalo y no algo que yo tuviera que ganar con mi buen comportamiento, es decir, con mis buenas obras.

> «Porque por gracia sois salvos por medio de la fe; y esto no de vosotros, pues es don de Dios; no por obras, para que nadie se gloríe.»
>
> EFESIOS 2:9

«El cual asimismo nos hizo ministros competentes de un nuevo pacto, no de la letra, sino del espíritu; porque la letra mata, mas el espíritu vivifica.»

2 CORINTIOS 3:6

¡La letra mata! Qué gran verdad, la letra sin espíritu es solo una muerte segura en tu relación con Dios. ¿Qué quiero decir? Viví letra, pura letra. Nunca entendí nada del Espíritu Santo y de Su poder para guiar mi vida y traerme a libertad, aquella libertad por años esperada. Nunca iba a poder ser justificada delante de Dios con mi buen comportamiento, entre otras cosas porque es imposible no pecar. La letra me estaba matando, tantas normas, tantas prohibiciones imposibles de cumplir sin el Espíritu de Dios, hacían que mi vida fuera camino a la muerte. Pero ahí estaba mi Señor para salvarme. No importaba cuán lejos me fuera de mi mundo, el pecado no está fuera, está dentro. Yo tenía que aprender una lección que no vino a mi vida hasta años después, muchos años después.

Aquel viaje estaba siendo organizado por tres hermanas de la iglesia para, entre otras cosas, llevar medicinas y alimentos a todas aquellas personas desfavorecidas. Me pareció una idea maravillosa, me iría quince días fuera de todo mi entorno, fuera de mi pueblo, fuera de todo, nada más y nada menos que a Cuba. ¡Sí!, era maravilloso, estaba convencida de que allí cambiaría de vida. Dejaría de fumar, dejaría de beber y encaminaría una vez más mi vida a Cristo empezando de cero. Todo volvería a ser maravilloso de nuevo.

Otro gran error, todo intento ser humano por alcanzar una meta humanamente inalcanzable finaliza en un intento frustrado que trae dolor y condenación al corazón. La vida en Cristo no se vive desde las fuerzas de uno mismo, se vive en el poder de Dios. Pero tardé muchos años en descubrir este gran secreto. Y una vez más Satanás estaba esperándome con todas sus asechanzas preparadas para derribar de nuevo mi vida.

Llegué a Cuba y nada de lo que viví resultó como había esperado. Aquella isla fue testigo de muchas injusticias, fui muy tocada y casi hundida por el enemigo. Infelizmente una de aquellas hermanas no supo guiarme debidamente, pues al acusarme y recordarme el pasado, no hacía sino causar en mí aquel sentimiento tan familiar de indignidad. Nuevamente sentía que ¡NO ERA DIGNA! Pero mi Señor volvió a regalarme Su presencia.

Una noche, después de una fuerte discusión y después de haber escuchado cosas muy duras para una joven creyente en la fe, me quedé en el cuarto mientras aquellas hermanas iban a cenar con algunos pastores de la zona. Aquella fue una noche especial, una noche parecida a aquella que viví en mi casa cuando el Señor me visitó, una noche en la que el Señor me dijo que no me preocupara, pues Él estaba conmigo. Rompí en llanto, un llanto dulce mientras Su presencia me inundaba. Estaba conmigo en aquella habitación, no quería que aquel momento terminara. Qué preciosos recuerdos son aquellos en los que el Señor fue tan cercano. Pero Él tuvo que sanar muchas heridas de aquel tiempo, son muchas las cosas que viví y muchas las cosas que podría contar. Fui herida, pero también fui sanada, y ahora puedo aprender de todo aquello que en su día fue maldición pero Dios convirtió en bendición.

Una gran lección que aprendí es el poder de sanidad interior que trae el perdón. Por años estuve presa de lo que allí sucedió, nunca perdoné de todo corazón lo que me hicieron. Pero un tiempo antes de escribir en este libro este relato, Dios tuvo que tratar conmigo para liberarme de mi tormento, tormento que ahora recuerdo sin ningún dolor gracias al poder del perdón. Ahora, y solo ahora, puedo mirar a estas personas con amor, el amor que Cristo depositó en mi corazón hacia ellas. De otra manera no hubiera sido posible escribir estas líneas desde la libertad, más bien hubieran sido escritas desde el rencor.

"NO IMPORTABA CUÁN LEJOS ME FUERA DE MI MUNDO, EL PECADO NO ESTÁ FUERA, ESTÁ DENTRO".

Leyendo este testimonio pueden venir a tu mente recuerdos dolorosos o incluso injusticias vividas. Han podido herirte, han podido calumniarte, han podido pelear contra ti, han podido hacer un montón de cosas, pero quiero traer esperanza a tu corazón. Dios pelea por ti, Dios es el Dios de los imposibles, no importa lo que suceda en el camino, Dios te dará la victoria, pues Él es quien te lleva a la meta. Sabemos que no son las personas las que nos hieren, sino aquel que las utiliza para herirnos, nuestro adversario, Satanás.

«Porque no tenemos lucha contra sangre y carne, sino contra principados, contra potestades, contra los gobernadores de las tinieblas de este siglo, contra huestes espirituales de maldad en las regiones celestes.»

EFESIOS 6:12

Nuestra parte es perdonar y guardar nuestro corazón, lo demás le concierne a Dios.

La vida continuó dándome golpes, pero lo importante es que he aprendido a levantarme y saber encajarlos. El mayor golpe en la historia de la humanidad fue el que Satanás quiso dar a nuestro Señor. Pero Jesús soportó el golpe con la mayor de las victorias. Perdonó y se levantó en la resurrección, y ahora está vivo a tu lado y al mío. Jesucristo tenía que morir para que tú y yo pudiéramos vivir, no hubiera sido posible de otra manera. Esta es la manera de Dios, en ocasiones nos permite pasar por algunas situaciones para crecer. Satanás preparó un plan para hundir mi vida, un plan que Dios a su vez usó para darme vida y vida en abundancia. Crecí y aprendí a conocerle en las tormentas. No importa lo que Satanás intente hacerme ahora o a quién utilice para hacerlo, Dios está por encima de toda cosa creada, por encima de toda circunstancia, y lo más precioso es que Dios tiene mi futuro en Sus manos. ¡No te preocupes por el futuro, Dios estará contigo!

Mi tercer intento terminó en una nueva frustración. Las desilusiones, decepciones y mentiras causadas por mi enemigo hicieron que no supiera encajar el golpe, y poco a poco volví a apartarme de aquel camino de religión por el que intentaba caminar. No entendía el torbellino en el que vivía, nuevamente mi vida parecía hundirse de manera inevitable. Llegué tan lejos que creí que ya no me interesaba un Dios Señor, únicamente quería un Dios Salvador. Me rebelé contra todo y contra todos, pero en el fondo de mi rebeldía clamaba a Dios para que Él tuviera misericordia de mí. Esto solo puede entenderlo quien lo ha vivido, pues me resulta imposible plasmar en estas líneas todo aquel torbellino de emociones, mentiras y desengaños.

¿Conoces la historia de Lot? Esta historia puede traer esperanza a tu corazón de la misma manera que trajo esperanza al mío. ¿Qué juicio haríamos de Lot después de leer su historia? Seguro pensaríamos algo así como: ¡qué creyente más carnal! Dios lo libera de Sodoma y él vuelve a su infierno. ¡Qué testimonio tan pésimo! Yo me veía a mí misma como a Lot, ¡qué creyente tan carnal! ¡Me juzgaba y me condenaba! Pero, ¿cómo veía Dios a Lot? Y, ¿cómo me veía Dios a mí? Tendemos a mirar las cosas de manera superficial, fijándonos solo en el comportamiento o en las actitudes externas, pero Dios ve mucho más allá, Dios ve nuestra identidad en Él, es decir, ¿quiénes somos en Cristo?

Si realmente estás queriendo salir de tu vida de pecado a una vida en libertad y te sientes impotente como me sentía yo, quiero decirte que Dios sabe exactamente dónde te encuentras y que de la misma manera que tiró de mí, tirará de ti y te sacará del pozo de la desesperación. El Señor ya tenía preparado Su plan de salvación para mi vida como también lo tiene para la tuya.

«Y al rayar el alba, los ángeles daban prisa a Lot, diciendo: Levántate, toma tu mujer, y tus dos hijas que se hallan aquí, para que no perezcas en el castigo de la ciudad. Y deteniéndose él, los varones asieron de su mano, y de la mano de su mujer y de las manos de sus dos hijas, según la misericordia de Jehová para con él; y lo sacaron y lo pusieron fuera de la ciudad.»

GÉNESIS 19:15-16

El Señor me tomó de la mano conforme a Su misericordia y me sacó y me puso fuera de mi Sodoma particular.

CAPÍTULO 4

EL PESO DE LAS EXPECTATIVAS

«El cual asimismo nos hizo ministros competentes de un nuevo pacto, no de la letra, sino del espíritu; porque la letra mata, mas el espíritu vivifica.»

2 CORINTIOS 3:6

¿Por qué cada domingo acudía a la iglesia? ¿No era esto un poco extraño? Con una vida totalmente alejada de Dios y, sin embargo, fiel asistente a la iglesia. ¿Por qué tenía tanta importancia acudir puntualmente al culto? ¿Qué era lo que me llevaba allí? Crecí en un ambiente religioso donde me inculcaron que Dios era la única solución a este mundo caído. Consciente o inconscientemente en mi lucha por sobrevivir en aquellos momentos en los que me volvía la esperanza, corría a la iglesia en busca de refugio, pero lamentablemente salía de ella con un mayor sufrimiento. La religión anulaba la gracia de Dios, por tanto, si en el mundo me sentía rechazada, en la iglesia me sentía señalada. Yo necesitaba un Dios vivo, un Dios de amor y no un Dios que pusiera un dedo acusador sobre mí. Sufrí mucho en esta época de interminable búsqueda, mi mayor sufrimiento fue correr al único lugar donde quedaba esperanza y donde creía poder encontrar este Dios, pero sin encontrar nada.

La letra mata, y si en las iglesias se predica un Cristo vivo pero se vive un Cristo muerto, esto hará que las vidas queden heridas dentro y fuera de ellas.

¿Qué sucedía entonces? Que volvía a salir para el mundo a continuar mi búsqueda, pero al no encontrar soluciones tampoco allí, volvía nuevamente a la iglesia, y así sucesivamente. Quise meter en mi vida la pieza de la religión, pero esta no encajaba. No conseguía llenar mi vacío, y aunque intenté por todos los medios encajar en este mundo, nunca lo conseguí.

¿Quiénes son el pueblo de Dios en este siglo? La iglesia, la iglesia de Cristo formada por todas aquellas personas que han aceptado a Jesús como su Señor y Salvador. Y si Jesús es su Señor y Salvador, ¿por qué entonces puede haber un pueblo que esté viviendo religión en lugar de relación con su Señor?

> «Porque la paga del pecado es muerte, mas la dádiva de Dios es vida eterna en Cristo Jesús Señor nuestro.»
>
> ROMANOS 6:23

Cada domingo de mi vida se convertía en una reunión más en la que una pesada losa de religión caía nuevamente sobre mí. No tenía visión, mi vida estaba totalmente perdida y totalmente desviada de las leyes y principios de Dios. Cometía los mismos pecados que el pueblo de Israel, sufría las mismas consecuencias que ellos y no sabía cómo frenar. Tomaba en mi corazón leyes humanas como divinas y me olvidaba de cumplir las ya escritas. Entre tanta religión, era imposible que el Espíritu Santo obrara en mi vida. La asistencia a los cultos se convirtió en algo mecánico, una oración, un salmo y una canción, seguidos del correspondiente sermón y de vuelta a mi casa hasta el siguiente domingo. ¿Quiere decir esto que la oración, el salmo y la canción están mal? Por supuesto que no, lo que quiero decir es que estas cosas, hechas de una manera mecánica, pueden traer religiosidad a nuestras vidas y a nuestras reuniones.

Corría el peligro de quedar muerta en la letra sin poder vivir la libertad del espíritu. ¿En qué lugar dejaba al Espíritu Santo? No lo conocía, no sabía absolutamente nada de Él, no sabía de Su amor, de Su compañerismo, de Su ayuda, de Su fidelidad... Él no era soberano en mi vida, era un espectador en ella. Esto es lo que hace la religión. He mencionado en otro capítulo la frase que al día de hoy más me impacta de toda la Biblia: «¿Por qué buscáis entre los muertos al que vive?».

Cristo está vivo, el Espíritu Santo está vivo y Dios Padre está vivo, ¿por qué no le otorgaba el lugar de soberanía que le correspondía en mi vida?

«Hay camino que al hombre le parece derecho; Pero su fin es camino de muerte.»

PROVERBIOS 14:12

El camino de la religión no me llevó a buen fin. Era un camino doloroso, de sacrificios innecesarios y de mucha frustración. Dios estaba a mi lado, me amaba, me sostenía y me consolaba, pero yo lo intentaba encajar en una religión. Me costó muchos años entender que Él no quería ese tipo de relación. Jesús dijo que Él se iba al cielo pero que no nos dejaría huérfanos, Él nos dejaría en la tierra al Espíritu Santo para que estuviera con nosotros. Él nos ayudaría, nos consolaría, sería nuestro compañero… un Amigo que a la vez era Dios.

Yo conocía a Dios Padre, a Jesús mi Salvador y a ese alguien al que llamaba Espíritu Santo, pero no sabía muy bien la función que tenía. Es muy triste que un cristiano viva así, pues no disfruta de la verdadera libertad. Incluso llegué a pensar que el Espíritu Santo no era tan importante en la trinidad. Esto es horroroso delante de Dios, pues el Espíritu Santo es Dios. Él era el que caminaba a mi lado llevando mi carne a la cruz de Cristo, llorando cuando yo lloraba y riendo cuando yo reía. Él quería ser mi Amigo, mi Camarada. El día que se reveló a mi vida lo primero que hice fue pedirle perdón por no haberlo conocido y no haber sabido darle el lugar que le correspondía.

Intenté por muchos años vivir en la línea de la religión perdiendo así la bendición de vivir bajo la autoridad y la gracia de Dios. Y me da mucha tristeza pensar en todas esas personas presas, que aman profundamente a Su Creador y no pueden llegar a Él. Además, comenzamos a enseñar a nuestros hijos lo que vivimos, por tanto, inconscientemente comenzamos a enseñarles que Dios es igual a religión.

Vamos perdiendo las sendas antiguas de Dios, olvidamos Sus mandatos para nuestras vidas y vamos sustituyéndolos por normas y doctrinas humanas que no nos permiten vivir en la gracia, sino que nos oprimen a vivir en la ley. Entonces llega el yugo de esclavitud sobre nuestras vidas, un yugo que marca tu caminar al paso del «no puedes», «no vales», «no sirves».

Comenzamos a distorsionar la idea de Dios y comenzamos a vivir un «dios amuleto», un «dios de religión», y lo pongo con minúsculas porque ese no es Dios, ese es un dios que nada tiene que ver con el verdadero. El Dios verdadero es un Dios que contesta vidas, vidas que lo buscan de todo corazón, no oraciones hechas por personas atadas a la religión.

Intenté con todas mis fuerzas cumplir todos los rituales, aprender de manera mecánica todas las oraciones, cantar y entonar perfectamente todas las alabanzas, memorizar y citar versículos bíblicos. Pero esto tampoco me ayudó a llenar mis vacíos, ni a vivir una intimidad con mi Creador.

Estaba totalmente alejada de Sus principios, pero acudía todos los domingos al templo para pedir perdón por mis pecados, por si el Señor volvía esa semana y no me llevaba con Él. Como si de un amuleto se tratase, si me iba de viaje, tenía que orar en la iglesia o pedir oración para tener una mayor tranquilidad, así sabía o creía que Dios me iba a proteger en el recorrido. No quería faltar ni un solo domingo porque me sentía condenada, y sentía la necesidad de justificarme ante el pastor y todos los hermanos. ¿Qué iban a pensar de mí? Tenía más temor al hombre que a Dios.

¿Realmente crees que a Él le importaban todos mis ritos, costumbres y tradiciones? ¡No! A Dios le importaba mi vida, mi relación con Él y mi caminar diario. Y todo lo que yo pretendía vivir, distaba mucho de la relación que Él quería tener conmigo.

Otro engaño que Satanás ponía en mi mente era el culpar a Dios por todo.

¿Cómo podía ese Dios justo y misericordioso ver mi sufrimiento y no salir a mi encuentro? Culpaba a Dios de mis fracasos, de mis errores, de mis sufrimientos… Culpamos a Dios porque creemos que no nos ha dado la victoria en nuestro matrimonio, culpamos a Dios por no tener victoria en nuestro hogar, con nuestros hijos, con los vecinos, con las deudas, con los hermanos, en el trabajo, en la iglesia, en nuestra vida… Culpamos a Dios por todo, pero no nos culpamos a nosotros mismos por llevar una vida alejada de Él, una vida que ni guarda ni pone por obra Sus mandamientos. Muchas veces llevamos una doble vida y creemos que Dios está obligado a bendecirnos. La mayor parte de las cosas que sufrí eran solo consecuencias de mis malas decisiones o mis propios pecados. No quiero que parezca que me excuso detrás de mis sufrimientos para evadir mi responsabilidad de andar en rectitud delante de Dios, no es eso lo que quiero transmitir. Por un tiempo viví con un pie aquí y otro allí, y esto trajo consecuencias que me hicieron sufrir.

> «No podéis beber la copa del Señor, y la copa de los demonios; no podéis participar de la mesa del Señor, y de la mesa de los demonios.
> ¿O provocaremos a celos al Señor?
> ¿Somos más fuertes que él?.»
>
> 1 CORINTIOS 10:21-22

Podemos llevar una doble vida, engañar a toda una congregación, incluyendo al pastor, pero no podemos engañar a Dios. Él ve nuestro caminar, es un Dios omnipresente, omnipotente y omnisciente.

Diariamente deberíamos examinar nuestro caminar. ¿Existe una vida en intimidad con Él? O, por el contrario, ¿existe una vida de religión?

Uno de los mayores síntomas para detectar si nuestra vida está o no en religión es el aburrimiento en la oración. Las personas que se aburren en la oración son personas que viven en religión. Si se supone que el Espíritu Santo es nuestro Mejor Amigo, ¿por qué tendría que aburrirme hablando con Él? Pienso que nadie se aburre hablando con su mejor amigo, a no ser que este realmente no sea su mejor amigo.

Quiero formular otra pregunta que nos ayudará a examinar nuestro caminar.

¿Somos de las personas que preguntan al Señor, por qué permites esta o aquella situación? o ¿somos de las personas que agradecen cada situación porque es una oportunidad de crecer? Examinemos nuestro corazón y nuestra vida. La mayoría de las veces las respuestas las hallamos en nuestras propias vidas, pues estas hablan por sí solas.

Los sucesos desagradables o incómodos que vivimos siempre tienen un propósito. Y aunque no siempre es así, bien pudiéramos estar padeciendo calamidades por nuestro propio pecado y tener el suficiente orgullo en el corazón para no reconocerlo delante de nadie, ni siquiera delante de Dios. Pero hay alguien al que no solo no podemos engañar, sino que Él mismo es la mano que nos mantiene en el horno de fuego a fin de que salgamos purificados. ¿Cuál es la salida o el botón que desactiva el horno? La humillación, la oración y la conversión.

«Si se humillare mi pueblo, sobre el cual mi nombre es invocado, y oraren, y buscaren mi rostro, y se convirtieren de sus malos caminos; entonces yo oiré desde los cielos, y perdonaré sus pecados, y sanaré su tierra.»

2 CRÓNICAS 7:14

Convertirnos de nuestros malos caminos es mucho más que pedir perdón. Convertirse de un mal camino es cambiar de dirección, es decir, si caminabas hacia la derecha, girarte y caminar ahora hacia la izquierda. Si caminabas en la maldición, el giro hará que vuelvas a la bendición.

«Así dijo Jehová: Paraos en los caminos, y mirad, y preguntad por las sendas antiguas, cuál sea el buen camino, y andad por él, y hallaréis descanso para vuestra alma. Mas dijeron: No andaremos.»

JEREMÍAS 6:16

Debemos buscar las sendas antiguas de Dios sin olvidar, como dice este versículo, que siempre habrá quien no quiera hacerlo y nos diga «no andaremos». Puede que sea alguien cercano a nosotros, pero no podemos dejarnos arrastrar por estas personas, pues el día que estemos ante la presencia de Dios, Él nos pedirá única y exclusivamente cuentas de nuestra vida, de la de nadie más. Debemos marchar hacia delante y nunca mirar atrás. Hoy todavía estamos a tiempo de humillarnos y pedir perdón por nuestros pecados, levantándonos para caminar en sentido contrario a la desobediencia, reclamando el perdón de los pecados y la victoria sobre los enemigos. Cuando nos desviamos del camino no podemos pretender que Dios obre a nuestro favor, Él tendrá que disciplinarnos a fin de que nos humillemos y busquemos Su rostro. Y si tiene que permitir alguna derrota en nuestras vidas, lo hará, solo por amor.

«Porque Jehová al que ama castiga, Como el padre al hijo a quien quiere.»

PROVERBIOS 3:12

El pecado y la desobediencia sin arrepentimiento siempre terminan en muerte, bien sea física o espiritual. Debemos tomar la oportunidad que tenemos hoy antes de que esto acontezca.

¿Cómo salí de esto? ¿Cómo salí de mi mundo de religión? No tengo una fórmula mágica que recetar, pero creo que el secreto está en el corazón. Nunca me cerré a nada, siempre estuve abierta a todo. Mi mente estaba esquematizada y preparada para hacerme vivir dentro de una religión, pero mi corazón estaba libre y dispuesto a tener una relación.

Tú puedes conseguirlo, es tan sencillo como humillarte delante de Dios y decirle: «Padre, no más religión, quiero vivir en relación». Aunque a tu mente religiosa le cueste creerlo, recuerda que Él ve tu corazón y se encargará de llevarte a vivir una vida en libertad. Si estás dispuesto a renunciar al pecado y a la religiosidad para caminar en intimidad con Dios, inclina tu corazón a Él y dile:

Padre, reconozco haber andado en mis caminos y no en los tuyos, reconozco haber pecado y haber convertido mi caminar contigo en religión y no en relación. Hoy vengo a pedirte perdón y a rechazar el espíritu de religiosidad en mi vida, al que he dado lugar a causa de mi pecado.

Te pido que me perdones y que el Espíritu Santo entre a reinar en esta área de mi vida. Declaro cerrar la puerta al pecado y a la religión, y abrirla a la obediencia y a una nueva relación contigo.

En el nombre de Jesucristo te lo pido. AMÉN.

CAPÍTULO 5

RELACIONES QUE MARCAN

No había fiesta que me perdiera ni pub que no conociera. Las noches eran una búsqueda interminable tratando de saciar mi vacío.

Aquella noche era diferente, no sabía que mi vida iba a girar de una manera tan estrepitosa e iba a encontrar otra pieza en el camino, la cual quise nuevamente hacer encajar en el puzzle de mi vida. En medio de aquel barullo de gente y mientras la música sonaba, me fijé en aquel chico que a mis ojos parecía llevar colgando la etiqueta «te voy a hacer feliz». Nos miramos y, en cuestión de minutos, estábamos entablando una conversación. Mientras hablábamos, yo le observaba pensando en mi interior si aquella pieza sería la que podría completar mi vida o si, por el contrario, debía de seguir buscando.

¿Sería él? Dado que estaba solo, le invité a acompañarnos en la noche y así podríamos conocernos mejor. Llegaba la hora de la despedida y no quise darle mi teléfono sino que le pedí el suyo, por lo que él pensó que nunca más me vería. Sin embargo, al día siguiente nada más despertar, pensé que era algo bonito todo lo que me había sucedido la noche anterior, así que no dudé en correr al teléfono para llamar a aquel chico al que llamaremos Juan.

La ilusión de un nuevo amor volvía a inundar mi vida, y todas aquellas sensaciones que uno siente cuando es aceptado y valorado por alguien me hacían sentir bien.

«No pensé que me llamarías, creí que nunca más te volvería a ver». Estas fueron sus palabras al otro lado del teléfono.

Fue una historia maravillosa con un final como ya imaginarás, muy infeliz. Me quedé atrapada por este chico y a su vez él quedó atrapado por mí. ¿Y por qué digo esto? Porque el día que decidimos contarnos nuestras verdades debería haber corrido tan lejos como hubiera podido y no lo hice. No quería mentirle así que directamente le dije que era viuda y tenía un hijo. Mi sorpresa fue su contestación: «Me alegra tu sinceridad, yo también voy a ser sincero, tengo un hijo y estoy casado». ¡Estaba casado! ¡No podía ser! Tenía un hijo, una esposa, un hogar. Pero mi mente bien entrenada para creer mi propia realidad saltó a la palestra, por lo que en menos de medio minuto tenía toda clase de excusas para dar una y cien razones por las que podíamos estar juntos.

Él me contó que su mujer era adicta a la heroína y se lo hacía pasar muy mal. Me dijo que la dejó y que yo no tenía nada que ver en el tema. No fue sino hasta mucho tiempo después, que yo supe que solamente un par de días separaban su matrimonio de nuestro noviazgo. Es decir, si él se enfadó con su mujer un jueves, yo aparecí un sábado. No puedo creer que yo no tuviera nada que ver, estoy totalmente convencida de que si yo no hubiera aparecido ellos hubieran podido tener una reconciliación. Pero como digo, algo nos atrapó, quedamos prendados el uno del otro y así comenzó una nueva historia en el puzzle de mi vida. ¿Encajaría esta pieza en ella?

En 2 Samuel 11 encontramos la historia de David, un hombre de Dios, un hombre del cual Dios dijo que era conforme a Su corazón. Ungido, rey de Israel, amante de Dios y a su vez amado por Dios. En tiempos de guerra y mientras los demás reyes batallaban, David paseaba al atardecer por el terrado de su palacio situado en Jerusalén. Desde aquel lugar, vio a una bella mujer bañándose en las cercanías. ¡Qué hermosa mujer! Pensaría él.

Maravillado por su belleza, quiso conocerla y envió a preguntar por ella. Pero la información que le llegó era que esta mujer llamada Betsabé, estaba unida en matrimonio a Urías. David debió pasar por alto esta información y, a través de su mensajero, mandó llamarla y terminó durmiendo con ella. Después de aquella noche, la mujer concibió un hijo y envió a David un mensaje: «Estoy en cinta». ¡Qué aprieto para David! Abrumado por la noticia, este envió a llamar a Urías, marido de Betsabé, el cual estaba cumpliendo su función en el campo de batalla. Lo que David pretendía era que Urías pasara la noche con su mujer para atribuirle el hijo que esperaba. Pero aquel hombre, íntegro y con temor de Dios, no pudo bajar a su casa sabiendo que el arca de Israel y Judá estaba bajo tiendas y todos sus compañeros en el campo de batalla.

Al enterarse de esto, David volvió a invitarlo para comer y beber con él a fin de emborracharlo, pero aun así en su integridad, este hombre no marchó a su casa. Entonces David, viendo que su plan había fracasado, envió una carta al capitán de su ejército que decía así: «Poned a Urías al frente, en lo más recio de la batalla, y retiraos de él, para que sea herido y muera». Al poco tiempo, David recibió la noticia de que Urías había muerto y Betsabé, al enterarse de esto, se puso muy triste e hizo duelo por él. Al finalizar el tiempo del luto, David trajo a Betsabé a su casa y la hizo su mujer. Pero todo lo que David había hecho fue desagradable ante los ojos de Dios.

David, un hombre ungido por Dios, y Betsabé, una mujer casada. ¿No podía haberse conformado David con una de las muchas mujeres que podía poseer?

¿Tuvo que codiciar a aquella que no podía tener? Seguramente te habrás preguntado muchas veces cómo David pudo hacer lo que hizo. David cayó en pecado, pero ¿cómo sucedió? y ¿cómo se podía haber evitado? Las profundas caídas de las personas en los pecados más hondos nunca suceden de la noche a la mañana. Una vez escuché a un pastor decir algo muy interesante. Nadie se levanta de la cama y dice: «¡Hoy voy a adulterar! Sí, ¡hoy es un buen día para adulterar!». ¿Verdad que esto no sucede así? Generalmente cuando hemos caído en un abismo, ni siquiera recordamos dónde comenzó la caída cuando descubrimos que ya estamos dentro. Es por eso que es importante detener el pecado antes de entrar en él, de lo contrario será muy difícil su parada.

El pecado es semejante a la caída por un resbaladero, una vez comenzada la bajada, el deslizamiento es cada vez más rápido hasta llegar al punto de que frenar sea imposible. Debemos de estar vigilantes en nuestras vidas para no entrar en ese deslizamiento y poder detener la caída antes de que esta suceda. No hablamos de un pequeño golpe o una pequeña fractura que podríamos llegar a tener. Estamos hablando de la posible destrucción, desolación y muerte que sufriríamos nosotros y nuestra descendencia, como sucedió en el caso de David. Ya que la palabra de Dios es muy clara cuando dice:

«Jehová, [...] que visita la maldad de los padres sobre los hijos hasta los terceros y hasta los cuartos.»

NÚMEROS 14:18

Aquí tenemos un claro ejemplo de lo que todo esto supuso en la vida de un hombre conforme al corazón de Dios. Repasemos su historial.

David, ungido de Dios, codicia a una mujer casada y termina adulterando. Como consecuencia de este pecado, la deja embarazada y, queriendo encubrirlo, intenta que el esposo de esta duerma con ella para poder atribuirle el hijo que espera. Pero al no conseguirlo, idea otro plan aún más macabro. Envía una orden para poner a este hombre en primera línea de batalla para que lo mataran. Este hombre es la primera víctima inocente del pecado de David, lo cual hace que David sea culpable de asesinato, aunque no directamente, sí indirectamente. Y para finalizar, como si nada hubiera sucedido, toma a Betsabé por esposa como si tomara para sí una pobre viuda embarazada.

Tremendo historial para un ungido de Dios. Un pecado que lo llevó a cometer otro, y otro, y otro… y así sucesivamente hasta llegar a caer por el precipicio, sufriendo así las consecuencias de todo lo que sembró. ¿Pero cómo David pudo llegar a tal extremo? Analicemos la historia.

¿Dónde comienza el pecado de David? La palabra de Dios dice que era el tiempo en el que los reyes salían a la guerra y David «se quedó en Jerusalén».

¡Qué interesante! Aquí vemos que David estaba justamente en el lugar que no debía estar, en el palacio. ¿Por qué no estaba en la guerra? Porque había descuidado su función. Todos los reyes estaban en la guerra, mientras David, que también era rey, descansaba cómodamente en el palacio en lugar de ocupar su lugar en la batalla.

Cuando descuidamos nuestras funciones, tales como la familia, los hijos, el ministerio, o simplemente cambiamos o invertimos las prioridades de nuestras vidas, poniéndolas en lugares desordenados, estamos siendo presa fácil para el enemigo. Satanás puede captar nuestra atención justamente en uno de esos lugares en los que no nos correspondería estar. Por ejemplo en un pub, ya que esto indica que hay un desorden en nuestra vida.

Es así que sucedió conmigo, estaba en el lugar equivocado y allí codicié a aquel hombre casado. Nuestra principal prioridad, siempre debe ser Dios, seguido de la familia y la iglesia.

La mente de David estaba desocupada, por lo que Satanás intentó ocuparla con algo muy apetecible, ¡una bella mujer! Él paseaba tranquilamente por el palacio cuando la vio bañándose. Es decir, que aquella mujer estaba desnuda.

¿Y qué hacía David mirándola? La tentación llamaba a su puerta y este, lejos de apartar los ojos de ella, comenzó a examinarla. ¡Qué bella mujer! ¡Quiero conocerla! Fue lo que pensaría. David dio lugar a la codicia para seguidamente abrir la puerta a la lujuria, en lugar de apartar la mirada y huir.

Las tentaciones siempre van a estar presentes de un modo u otro en nuestras vidas, pues Satanás las utiliza para desviarnos de los propósitos de Dios e intentar apresarnos en ellas. Él puede tentarnos con cosas muy apetecibles, tan apetecibles que olvidamos incluso que vienen de su mano, o las declaramos inofensivas. Comenzamos a mirar esas cosas malas como buenas, comenzamos a auto convencernos de que no son tan malas para nosotros o para los nuestros. Pero no debemos olvidar que detrás de cada una de ellas está el enemigo de nuestras almas, Satanás, intentando robar, matar y destruir. A él le interesa tu vida como hijo de Dios, más que la de cualquier otro que ya le pueda pertenecer. «Un día es un día, no tiene importancia, no hay que ser tan extremista ni radical...». Estas son algunas de las frases más usadas por las personas que están siendo víctimas de su engaño. Pero yo te digo que Jesús fue radical con el pecado y nosotros debemos hacer lo mismo. No podemos vivir en integridad con Dios y tener manga ancha para el mundo.

«¡Oh almas adúlteras! ¿No sabéis que la amistad del mundo es enemistad contra Dios? Cualquiera, pues que quiera ser amigo del mundo se constituye enemigo de Dios.»

SANTIAGO 4:4

Parecía totalmente contradictorio lo que vivía y lo que sentía. Desde lo más profundo de mi alma, siempre entonaba una canción cuya letra decía así:

«Señor hazme un radical». Yo anhelaba ser una persona radical para Cristo, pero lejos de conseguirlo en mis fuerzas, la canción sonaba en mi mente como un imposible más en mi vida. Fui tentada y no cerré la puerta a la tentación, aquel chico comenzó a hacerse cada día más apetecible. Sus amigos me agradaban, su forma de vida me gustaba y todo en él comenzó a ser codiciable. Lo codicié aun sabiendo que ya tenía dueña, por así decirlo.

Comencé a pensar que era un reto enamorarlo y hacerlo mío. Son muchas las sensaciones y emociones que comienzan a aflorar, y cada día que pasa es más difícil escapar. Finalmente terminé auto engañándome, creyendo que Dios aceptaba esa situación y, por tanto, ¡quedé expuesta!

Predicándole de Cristo, casi le obligué a aceptar a Jesús. «Tienes que aceptarlo, sino nunca nos podremos casar». Palabras como estas, dichas con la mayor sutileza posible, eran las que utilizaba para manipular aquella vida.

Llegué al punto de dar la vuelta a todos los versículos y mandatos de Dios, de tal forma que terminé intentando convencerme a mí misma y a las personas que me rodeaban, de que la Biblia decía lo que a mí me hubiera gustado oír, en lugar de lo que decía en realidad. No permitía un consejo de nadie, y mucho menos hablar del tema con la Biblia en mano. Mi respuesta siempre era esta:

«Si Dios me tiene que decir algo, me lo dirá a mí personalmente, y si lo hace, yo dejaré a este chico». Por supuesto que mi orgullo no permitía que pudiera escuchar la voz del Señor, primero porque no escuchaba a ninguna persona que dijera algo que no me convenía oír; y segundo, porque aunque creo que mi contestación en cuanto a dejar a aquel chico si el Señor me lo pedía era sincera, yo no entendía que las ataduras se llaman ataduras precisamente porque atan a las personas, y luego no puedes desatarte a menos que Cristo intervenga. Me creía dueña de mi vida y dueña de mis fuerzas. En aquel momento mi necesidad era suplir mi vacío y no pensé que tenía un Dios muy capaz de suplir mi necesidad sin tener que entrar en la desobediencia. Aunque no la veía, mi salida siempre estuvo en Dios, nunca en el pecado. La salida por la cual me decanté solo trajo maldición a mi vida y nunca pudo suplir de forma real mi necesidad.

En la historia de David también podemos ver el fruto de su pecado. Llega un embarazo no deseado. ¿Cómo librarse de esto? Muy fácil, David intenta encubrir su pecado cargando el hijo a otro, es decir, al marido de Betsabé. Este es un acto de cobardía, el pecado había llegado muy lejos, pero David estaba olvidando que cuanto más lejos llegara más grandes iban a ser las consecuencias sobre su vida. No es de cobardes, sino de valientes, pararse en seco y determinar girar de dirección dejando todo atrás. ¡No temas! En el mismo momento en que determines en tu corazón confesar y cambiar de dirección, el Señor estará contigo como poderoso gigante contra tus enemigos para darte la victoria final. ¡Esta es la decisión acertada!

El plan de encubrimiento no le había funcionado, por lo que necesitaba tomar medidas más drásticas, es decir, decide traicionar la lealtad de aquel hombre íntegro e inocente y manda eliminarlo. Este hecho hace que David se convierta en el autor de una trama de asesinato y, finalmente, en un asesino. Todos suponemos que David nunca pensó llegar tan lejos cuando inocentemente miró a aquella bella mujer. El pecado siempre tiene hambre de más pecado, y este pecado a su vez, necesita de un mayor pecado, y así sucesivamente hasta llegar a la muerte.

«Porque la paga del pecado es muerte, mas la dádiva de Dios es vida eterna en Cristo Jesús Señor nuestro.»

ROMANOS 6:23

Que la paga del pecado sea muerte no corresponde a que la muerte tenga que ser física, bien pudiera ser una muerte espiritual, una muerte en la relación de pareja, una muerte en la relación padres-hijos, una muerte en las finanzas... una muerte en muchas cosas.

¡Qué tremendo! David ya estaba tan envuelto en su pecado que había perdido toda sensibilidad espiritual. La noticia de la muerte de Urías no pareció causarle el más mínimo dolor.

«...no tengas pesar por esto, porque la espada consume, ahora a uno, ahora a otro.»

2 SAMUEL 11:25

David animó a Joab diciéndole que no tuviera pesar por aquello. ¿Cómo había podido cometer todos aquellos pecados y mantenerse en una posición tan fría e insensible delante de Dios? La respuesta la tenemos en el endurecimiento del corazón.

Cuando estamos en comunión con Dios y pecamos, sentimos el pecado con profundo dolor. Pero como en el caso de David, un pecado llama a otro, y este a su vez a un tercero, y así sucesivamente, hasta crear en nosotros una capa de dureza espiritual tan grande que nuestro corazón queda cubierto, haciéndonos insensibles a él.

El profundo dolor que sentíamos al pecar comienza a desaparecer, siendo sutilmente sustituido por dureza de corazón o muerte espiritual. No existen cristianos parados o estancados, esto es un engaño. Solamente existen cristianos que caminan en victoria hacia adelante o cristianos que retroceden en derrota, engullidos por sus pecados hacia atrás.

Echa un vistazo hacia atrás, mira los últimos meses o los últimos años de tu vida. ¿Hacia dónde caminas?

Al igual que David, caminé sobre brasas y me quemé, y aunque Dios tuvo gran misericordia al redimir mi pecado y perdonarme la vida, pagué unas consecuencias muy duras que no están narradas en este libro.

No podemos pretender que nuestros pecados queden impunes siempre, tarde o temprano nos enfrentaremos a sus consecuencias. Sufrí todo el tormento de un corazón al que le falta la paz, porque a diferencia de David, yo siempre supe que no contaba con la aprobación de Dios, pero creí poder caminar entre brasas sin quemarme. Una y otra vez intentaba cambiar el significado de los versículos de la Biblia a mi conveniencia, una y otra vez intentaba excusarme de mis actos. Estos eran solo engaños en mi mente que yo misma quería creer, pero que a la vez no conseguían traerme ninguna paz.

¿Cómo pude estar tan ciega? Satanás me tentó con una necesidad real. La necesidad de sentirme amada, respetada, valorada… Pero en definitiva, era una necesidad que solo Dios podía suplir en mí y que yo quise suplir por mí misma.

Estos dos años de mi vida fueron un tormento, nunca tuve paz, pues la palabra de Dios era clara en cuanto al tema del adulterio, y aunque yo quería dar vuelta y vuelta a la Biblia, no conseguía acallar mi conciencia. Preguntaba una y cien veces a Juan si su mujer le había sido infiel durante su matrimonio, para escuchar un sí y tener así una base bíblica en la que apoyarme para estar con él. Cosa que con la luz que hoy en día tengo, sé que tampoco hubiera sido justificable, pero de todos modos yo intentaba acallar mi conciencia y traer paz a mi alma de todas las maneras posibles. La falta de paz era una «lucecita» de alarma que Dios ponía dentro de mí para saber que no estaba en Su voluntad. Pues por mucho que yo quise disfrazar la situación de mil maneras, la cruda realidad era que estaba adulterando.

Una de las maneras que el ser humano tiene para saber si está o no en la voluntad de Dios es la paz. La paz que solo Dios puede dar, pues si esta falta es que algo no está marchando bien. ¿Pero qué había en mi corazón? Puedo decir que no tenía la ceguera que tenía David, a mí no me hacía falta ningún profeta para abrirme los ojos. Recuerdo noches y noches después de aquellos encuentros con mi novio, tomar el coche camino a casa y llorar amargamente pidiendo al Señor que me guiara en el camino eterno. Siempre venía a mi mente una canción tomada de la palabra que decía así:

> «Examíname, Oh Dios, y conoce mi corazón; Pruébame
> y conoce mis pensamientos; Y ve si hay en mí camino de
> perversidad, Y guíame en el camino eterno.»
>
> SALMO 139:23-24

Cantaba esta canción con las lágrimas corriendo por mis mejillas sabiendo cuán alejada vivía de Dios. «¡Dios mío!, sácame de donde estoy y ponme a caminar en camino eterno». ¡Este era mi clamor! Era el deseo sincero de mi corazón. Fíjate cuántas noches lo habré hecho, que cada vez que conduzco aquella misma carretera, recuerdo esta etapa de mi vida, pero ahora la recuerdo desde la victoria.

Reconocía andar mal, pero no podía tomar la decisión de parar y cambiar de dirección, tampoco me creía capaz de poder hacerlo. Así que prefería engañarme a mí misma y seguir viviendo, mal, pero viviendo. Cada domingo antes de entrar en la iglesia, obligaba a mi novio, por así decirlo, a orar a Dios, pidiéndole que Él no permitiera que nos casáramos si no éramos el uno para el otro. ¡Qué oración tan absurda!

Esto era consecuencia de la falta de conocimiento de Dios y de la falta de paz que yo sufría en esta relación. Estábamos esperando su divorcio para poder casarnos, divorcio que nunca llegó gracias a Dios. Es más, esperamos esos años, primero la separación y luego el divorcio, pero Dios sabía lo que hacía y un mes después de separarnos, fue que por fin le llegó el esperado divorcio. Supe que esta era una muestra más del amor de Dios hacia mi vida.

¡Dios es grande y misericordioso! Tenía temor a que en la vida me fuera mal con él, algo en mi interior me decía que ese no era el camino a seguir, pero me sentía paralizada en él. ¡Qué ceguera la mía! Tenía temor a que en la vida me fuera mal y no veía que ya me iba peor que mal.

¿Cómo iba Dios a bendecir una relación en adulterio? y ¿crees que me hubiera ido mejor si Dios la hubiera bendecido? ¡Por supuesto que no! Dios siempre tiene lo mejor para ti y para mí, debemos confiar en Él.

Somos muy dados a planificar nuestras vidas y a tomar nuestros propios caminos. Una vez en ellos, creamos nuestros planes y proyectos, y terminamos llevándolos delante de Dios a fin de que Él los bendiga. Pero tenemos que entender que no es esta la manera de obrar de Dios. Él espera justamente lo contrario.

Dios obra lo mejor para ti, pero quiere que tú confíes en Él y esperes Sus planes ya bendecidos para tu vida. No vengas tú a traerle los tuyos para que Él los bendiga (a no ser que sean los generados por Dios en tu corazón, estos siempre serán acordes a Su Palabra).

«Encomienda a Jehová tu camino, Y confía en él; y él hará.»

SALMO 37:5

Encomiéndale tu camino y espera en confianza, no tomes un camino equivocado y quieras después manipular a Dios para obtener Su aprobación.

Una y otra vez pedía a Dios que me dijera si este chico era para mí, pero no hay mayor ciego que el que no quiere ver, ni mayor sordo que el que no quiere oír. Dios ya me había contestado antes de comenzar con él, ¿por qué no tomaba lo que ya estaba escrito en Su palabra?

«No adulterarás.»

ROMANOS 13:9

¡Esta era Su respuesta!

Dios dejó Su palabra escrita para que yo pudiera conocer Su perfecta voluntad.

El concepto equivocado que tenía de Dios me hacía creer que Él pretendía darme una enorme lista de prohibiciones que robaban mi libertad. Pero Dios dio Sus leyes precisamente para que tú y yo pudiéramos vivir libres en Él.

No era libre cuando decía hacer lo que quería, sino ahora que pudiendo hacer lo que quiero, no lo hago. ¡Ahora soy libre! Ahora que determiné obedecer a Dios para no hacer lo que NO me conviene, ahora es que soy verdaderamente libre. Me creía libre y me lancé al libertinaje, pronto perdí mi libertad y fui atada al yugo de esclavitud que me impuso el pecado.

CAPÍTULO 6

UNIONES QUE PESAN

Quisiera preguntarte si alguna vez en tu vida te has visto formulando esta pregunta al Señor: ¿puedo salir con este chico o con esta chica no creyente? No sé cuál ha sido tu final y me gustaría pensar que todo terminó bien. Pero quiero explicar este tema, porque creo que es uno de los temas con los que Satanás más se ha regocijado destruyendo el pueblo santo de Dios. Ya hemos dicho que él puede tentarnos con lo que realmente necesitamos o creemos necesitar. Fue Dios mismo el que dijo que no era bueno que el hombre estuviera solo y le hizo ayuda idónea. Pero Dios tiene Su tiempo y Satanás siempre intenta adelantarse y estropear los propósitos de Dios para tu vida. Y una de las maneras más eficaces es cruzando en tu camino un príncipe o una princesa que terminará convirtiéndose en rana. Además, ¿cuál es la contestación de Dios para esta pregunta?

«No os unáis en yugo desigual con los incrédulos; porque ¿qué compañerismo tiene la justicia con la injusticia? ¿Y qué comunión la luz con las tinieblas?.»

2 CORINTIOS 6:14

El yugo es el instrumento de madera que se pone sobre los cuellos de las mulas o los bueyes, obligándolos así a trabajar unidos y en la misma dirección. Por tanto, ¿cómo podrían dos bueyes trabajar en la misma dirección, si uno quisiera ir a la izquierda mientras el otro tirara para la derecha? Para esto sirve este instrumento, el yugo los une y los hace caminar unidos y en la misma dirección.

¿Cómo podrás caminar con alguien que no lleve el yugo de Cristo? Sin duda tirará para un lado cuando tú quieras tirar para el otro.

Mucho antes de que Dios me contestara con un «¡no adulterarás!», ya me había contestado con un «¡no te unas en yugo desigual!». Cuando conocí a Juan, él no era creyente. Y aunque tengo que decir que lo llevé a la iglesia y supuestamente él aceptó a Jesús como su Señor y Salvador, queriendo bautizarse y asistiendo a los cultos y reuniones como cualquier otro creyente durante dos años, al término de mi relación con él, no solo desapareció de mi vida sino que desapareció de la iglesia.

Lo que quiero decir es que el riesgo es muy grande y las consecuencias terribles si caes en las redes de alguien que no es de Cristo. Y suponiendo que esta persona entregara su vida al Señor, es mejor cerciorarnos de que esa entrega es genuina, pues de lo contrario, seguirás unido a las tinieblas. Estas personas pueden ser las personas más maravillosas del mundo entero, pues lo uno no quita lo otro. Pero con todo lo maravillosas que puedan ser, seguirán sin ser de Cristo. Creerás poder controlar la situación, pero una vez dentro, la situación terminará controlándote a ti.

LA INGENUA CARMEN

Vamos a suponer que una mujer a la que llamaremos Carmen se enamora de un hombre no creyente al que llamaremos Pepe. Cuando esta relación comienza, debemos partir del punto de que Pepe ya tiene sus propios principios en el corazón, principios totalmente alejados de Dios, y también debemos tener en cuenta que Pepe tiene sus propios dioses, desde mucho antes de conocer a Carmen. Para entender a lo que me refiero con la palabra «dioses», quisiera decir que cualquier cosa que ocupa tu corazón en el lugar que le corresponde al Dios verdadero puede considerarse un dios, pues estarás practicando idolatría con él.

«No andaréis en pos de dioses ajenos, de los dioses de los pueblos que están en vuestros contornos.»

DEUTERONOMIO 6:14

Dios dice que en nuestro entorno hay personas que tienen otros dioses en su corazón. Como es obvio, no entrará en la mente de la fiel creyente Carmen adorar abiertamente a otros dioses, pero como he dicho, hay muchas formas de adorarlos sin tener que hacerlo de una manera religiosa. Un buen ejemplo sería si su nuevo amor, Pepe, ocupara el lugar que le corresponde a Dios en su vida y en su corazón. Carmen ama al Señor pero también ama a Pepe, esto hace que su corazón entre en conflicto, pues sabe que este no pertenece a Cristo y está, por tanto, uniéndose en yugo desigual. La primera consecuencia en su vida será que desaparecerá la paz, esto traerá angustia a su corazón y no le permitirá vivir en la plenitud de gozo que Dios tiene para ella. Esta división en el corazón le acarreará dolor y opresión.

Por otro lado, Pepe irá introduciendo poco a poco sus principios y leyes en la relación, lo hará sutilmente, pues no lo hace intencionadamente, pero lo hará. Como consecuencia, la fe de Carmen comenzará a verse debilitada. Pepe comenzará a invitarla a participar de prácticas aparentemente inofensivas y completamente normales para el mundo, pero totalmente prohibidas por Dios. Y ella por amor, irá cediendo a estas prácticas como digo, aparentemente inofensivas. Cuando la relación vaya tomando madurez tendremos que enfrentarnos a un gran problema. ¡Las relaciones sexuales! ¿Cuánto aguantará Pepe sin tener relaciones? Debemos de tener en mente que este no tiene temor de Dios, y para él las relaciones sexuales fuera del matrimonio son lo normal. Es un engaño creer que nos respetará hasta el altar, cuando sabemos que cada encuentro con esta persona será un encuentro de tentación a caer en pecado. Correremos el grave peligro de caer en fornicación, pudiendo quedar presos, trayendo así condenación sobre nosotros mismos. ¿Sabes cual puede ser la conclusión a nuestra bonita historia de amor? Nuestro fin puede ser que olvidemos a nuestro Dios y corramos tras aquel apuesto joven y todos sus dioses.

«...olvidaron a Jehová su Dios, y sirvieron a los baales y a las imágenes de Asera.»

JUECES 3:7

Seguramente nunca decidiríamos, ni siquiera lo pensaríamos, cambiar a Dios o renunciar a Él por amor a novios, novias, esposos o esposas paganas. Pero la mejor manera de no quemarse es no caminar por las brasas. ¿Qué sucede cuando decidimos persistir en el pecado?

«Y la ira de Jehová se encendió contra Israel…»

JUECES 3:8

Lamentablemente la ira de Jehová se encendió contra mí, oprimiendo mi vida para ver si así recapacitaba y caía rendida de nuevo a Sus pies.

Nos encontramos con muchos hermanos y hermanas luchando en sus vidas contra circunstancias adversas que se repiten una y otra vez en ellos. Muchos piensan que Satanás solo tiene la labor de ocuparse de ellos y que les tiene martirizados, no dejándolos vivir. Pero yo les animaría a examinar sus vidas, para ver si es el Señor mismo el que ha permitido esos enemigos en sus vidas, para darles un toque de atención y llamarlos al arrepentimiento. Dios permitió enemigos en las vidas de los israelitas, porque estos no atendieron a Su voz. No esperemos a ser oprimidos y castigados por Dios para caer rendidos a Sus pies. Decidamos obedecerle en lugar de pagar duras consecuencias por nuestros pecados.

Quiero cerrar el capítulo diciendo que todo lo narrado está basado en mi propia experiencia. Yo fui la persona que adulteró, la persona que se unió en yugo desigual, la persona que cerró sus oídos a la voz de Dios, la persona que quería caminar en sus propios caminos y obtener su bendición, y finalmente fui la persona que cosechó todo lo que sembró. Es decir, muerte y destrucción.

El Señor tuvo que disciplinarme, pero al día de hoy agradezco grandemente Su disciplina. No solo la agradezco, sino que la amo.

«Porque el Señor al que ama, disciplina, Y azota a todo el que recibe por hijo.»

HEBREOS 12:6

«Es verdad que ninguna disciplina al presente parece ser causa de gozo, sino de tristeza; pero después da fruto apacible de justicia a los que en ella han sido ejercitados.»

HEBREOS 12:11

CAPÍTULO 7

UN QUIRÓFANO DIVINO

18 de Septiembre de 1997, allí me encontraba yo, camino al quirófano para ser operada de un quiste en un ovario que, por alguna extraña razón, se había estrangulado pudiendo provocarme una hemorragia interna.

Antes de entrar en quirófano, mi pastor me visitó y me preguntó si estaba preparada o no para ir con el Señor si algo me sucedía durante la operación.

¿Estaba realmente mi vida preparada para morir? En el conocimiento que yo tenía de Dios, dije sin ningún temor: «¡Sí! Si sucede algo yo estoy preparada». Poco podía imaginar la experiencia que iba a vivir en aquel lugar, lo que sí sabía era que una preciosa presencia me acompañaba, me sentía totalmente arropada, una sensación de paz y gozo me inundaba y ni el más mínimo temor habitaba en mí.

Me fascinaba oír aquellas historias de ángeles y visitaciones del Señor a los seres humanos, ¿por qué nunca se había mostrado Dios así en mi vida? Podía estar horas y horas hablando de historias en las que

Dios se presentaba como un Dios cercano al ser humano, dispuesto a darse a conocer y a comunicarse con Su creación. Recordaba un día en el cual, en medio de una de esas conversaciones, dije algo así como «si a mí Dios me dijera que no anduviera por los bares, y que no bebiera alcohol, no lo haría más. Pero me lo tiene que decir Él y yo tengo que oírle bien». Me refería a una de esas historias en las que se suponía que los ángeles venían a traer un mensaje divino. Dios debió de tomar estas palabras en el acto, puesto que todo lo que sucedió después viene a confirmarlo.

Algo que leí en un libro de meditaciones mientras estaba en mi habitación del hospital recorría mi mente una y otra vez. «Tanto tiempo he estado contigo y tú no me has conocido». Esa era la voz de mi Señor, pero ¿cómo podía conocerle? Todos mis intentos por acercarme a Él eran intentos frustrados, no había esperanza, debía de ser la peor creyente del mundo.

Cuando los médicos y enfermeras se acercaron a mí para anestesiarme, y mientras empezaba a hacer efecto aquel sedante, tomé fuerza y dije: «No es en las manos de ustedes en las que confío, sino en las de mi Dios», y dormí. Esto es lo último que recuerdo, puesto que mientras mi cuerpo quedaba allí dormido, yo despertaba en algún lugar paralelo a mi realidad. Era mi cuerpo el que estaba en el quirófano, no yo.

Aquel lugar no me era familiar, caminaba junto a una chica morena por un pasillo, y con unas cuantas personas más, cuando otra chica nos salió al encuentro.

—¿Qué le pasa? —preguntó ella refiriéndose a mí.

—Sexo, drogas y alcohol —respondió la morena.

Estaba aturdida, ¿qué está pasando? ¡Estaban hablando de mí! La chica que me acompañaba me dijo «¡ven!», y me llevó frente a una gran puerta roja con dos cristales redondos en la parte superior. ¡Qué oscuro estaba aquello! Me decidí a entrar y, en el mismo instante en que traspasé la puerta, ya no me acuerdo de nada, no recuerdo haber estado con ninguna chica, no recuerdo el quirófano, no recuerdo el pasillo, no tengo recuerdos. Simplemente para mí es una noche como cualquier otra en mi vida, en la que me encuentro con mis amigos en medio de una discoteca, con el típico ambiente de los bares, música, alcohol... Todo era muy real, todo mi ser estaba totalmente inmerso en aquella realidad cuando de pronto me encuentro postrada en el suelo, con unos dolores que iban mucho mas allá de mi cuerpo, mientras un hombre vestido de negro, de unos treinta y pocos años, rubio y de gran belleza me sujetaba la cabeza. Cuando el dolor era insoportable y nadie hacía nada para ayudarme apareció ella, la chica morena que me había invitado a entrar en aquel lugar. «¿Quieres venir conmigo?», preguntó. ¡Claro que quería ir con ella! Quería salir de aquel sufrimiento, pero para mi sorpresa, aunque mi mente repetía una y otra vez «¡sí!, ¡sí!, ¡sí quiero!», mi cuerpo estaba paralizado, mi boca no respondía, no podía moverme ni articular palabra. Con la mayor angustia que he experimentado nunca y un dolor que me estaba matando, miraba a aquella mujer desesperada pidiendo ayuda desde lo más hondo de mi ser. «¡Que alguien me ayude!», pensé. Entonces el chico que estaba sosteniendo mi cabeza dijo de manera brusca:

EL FIN DEL VACÍO

—No quiere ir contigo, ella quiere quedarse conmigo, así que vete.

—No, no era ese mi deseo. ¡Dios mío! ¡Ayúdame!, no era yo la que hablaba.

—¿Quieres venir conmigo? —vuelve a preguntarme la chica, pero yo seguía sin poder responder.

—¡No!, te he dicho que no quiere.

—¡Cállate! Quiero que sea ella quien conteste, no tú.

¡Dios mío!, estaba salvada, y con un esfuerzo sobrehumano consigo mover un dedo, concretamente el pulgar de la mano derecha, apuntando hacia ella. Es en ese instante cuando aquella mujer me libera del sufrimiento diciendo:

—¿Ves? No quiere quedarse contigo.

De pronto un ambiente de violencia invade aquel lugar, el joven que me sostenía no estaba dispuesto a soltarme, así que como si se sintiera traicionado comienza a gritarme y amenazarme:

—¡Sí! ¡Pues mira lo que te va a pasar!

Como si una fuerza extraña les controlara, todos mis amigos se agrupan a una para humillarme, riendo y riendo a mi alrededor por la decisión que había tomado. Todas sus caras estaban a mi alrededor intentando hacerme creer que mi decisión no era la correcta. Pero mi respuesta fue «¡no me importa!», momento en el que automáticamente salgo de ese lugar para encontrarme de nuevo en aquel pasillo inicial.

Estaba perpleja, aturdida, no sabía qué me estaba sucediendo. Viene a mi recuerdo el hospital, el quirófano, toda mi vida anterior a aquello. ¿Qué está pasando? Recuerdo que estoy siendo operada en un quirófano, ¿cómo puedo estar aquí?, ¿qué hago aquí? Comienzo a hacer preguntas. ¡Esto no puede estar sucediendo! ¡Quiero volver a mi cuerpo! ¡Quiero despertar! Y en ese momento aquella chica me da una respuesta que me deja atónita. «Mira hasta dónde te ha tenido que traer Dios para arreglar tu alma». ¿Cómo? No salía de mi asombro. En la vida real y en el tiempo en el que yo estaba siendo operada, había tres amigas mías, tres chicas de la iglesia orando al Señor para que Él me diera un sueño que me revelara cómo estaba realmente mi vida. ¿Estaba Dios contestando su oración? ¿Qué me estaba sucediendo?

De pronto escuché «¡ven!, que aún hay más». Esta vez me veo frente a otra puerta, que representaba la puerta de las drogas, y soy empujada hacia dentro para aparecer justo al lado de un travesti que yo conocía, con el que había estado de fiesta pocos días antes de entrar en el hospital.

El ambiente de aquel lugar era diferente, no sentía opresión ni me sentía atada. Realmente en mi vida tampoco estaba atada a las drogas, pero algo sucio se movía allí.

Caminando hacia mí, veo a la chica morena, acompañada esta vez por un joven mulato, mientras hablaban ella comentaba que yo no consumía drogas.

—No consumo drogas —me apresuro a decirles, pues las drogas no representaban ninguna atadura en mi vida.
—¿Lo ves?, —dice la chica asintiendo— no consume drogas.

De repente, me encuentro nuevamente en el pasillo. La segunda puerta la paso sin dolor, sin sufrimiento y sin alguien que intente controlar mi voluntad.

De nuevo fuera, en aquel pasillo y con una tercera puerta frente a mí, la puerta del sexo. Frente a esta puerta, yo sabía que en el interior estaba él, mi novio de aquel entonces. Era obvio que mi vida no andaba conforme a las enseñanzas de Dios en esta área, así que allí debía de encontrarse él.

Al traspasar la puerta me hallo dentro de una habitación vacía pintada de verde, no hay nada allí, solamente él, justamente en el centro de la habitación, de pie, solo.

Tenía que decidir, sabía que no podía pasar por aquella puerta sin dolor. Si escogía el camino equivocado iba a sufrir, ¿estaba dispuesta a ello?

Miraba a mi novio, él estaba inmóvil, no hablaba, no me mostraba ningún sentimiento, simplemente estaba allí, quieto.

—¿Y él? —me pregunta la chica.

—¡Él sí! —respondí.

Aquellos dolores de la primera puerta aparecen en mi cuerpo y caigo de nuevo al suelo. No había quién me agarrase allí, no había entregado mi voluntad a nadie en esta área. Simplemente no quería renunciar a este chico y a todo lo que él representaba en mi vida. En ese entonces lo era todo para mí, si renunciaba a él me iba a quedar sola, ¿cómo iba a continuar mi vida? ¿Otra vez otra larga búsqueda del príncipe adecuado? No estaba dispuesta a renunciar y volver a sufrir la soledad que me producía no tener a alguien a mi lado, aquel terrible vacío que siempre estaba presente y parecía disfrazarse en brazos de alguien que me diese amor y aceptación.

En medio de mi sufrimiento, aquella chica volvió a preguntar una vez más:

«¿Él?». Esta vez no podía responder que sí, el dolor era inaguantable, y el temor a sufrir mayor dolor me impedía abrir la boca para defender aquella relación, así que dije: «¡No!, él no».

Como ya sabrás, fue este el momento en el que terminan todos mis dolores, pero esta vez no vuelvo a aquel pasillo, sino que me encuentro en una camilla atravesando la pared de mi habitación, como si estuviese pasando de un mundo a otro a través de una abertura que separaba estos mundos mediante la pared.

En la habitación se encontraban mi madre y mi novio, a los que intento avisar para que mirasen para la pared, puesto que yo podía ver perfectamente aquel otro mundo que existía invisible a nuestros ojos. Podía verlos, allí estaban aquellas dos personas que me habían acompañado en mi viaje despidiéndose de mí, cuando descubro que mi mano derecha está atada de alguna manera, pues no puedo moverla.

Al instante me encuentro postrada de nuevo, otra vez aquel dolor, esta vez no era tan intenso pero ahí estaba recordando el sufrimiento frente a aquellas dos personas que me preguntaban:

—Ana, ¿estás segura de que te ha quedado todo claro?
—Sí —contesté no muy convencida.

Me invaden las preguntas y el dolor se acentúa, ¿qué es esto?, ¿es el cielo? Mi voz estaba entrecortada del dolor, comienzo a escuchar mi nombre en el quirófano.

—Ana, Ana… —alguien me llamaba.

—¿Sabes?, —pronuncié sin muchas fuerzas— no me importa, porque sé que si me muero me voy con Dios.

Así lo creía yo, pero este era solo un engaño de mi corazón, puesto que ya he dicho que la palabra de Dios dice que hay camino que al hombre le parece derecho pero su fin es camino de muerte.

Y en ese mismo instante despierto en el quirófano y pregunto a la enfermera:

—¿Estoy en el cielo?
—No le hagas caso, —respondió el médico— se durmió pensando en Dios.

Qué tremenda experiencia, una vez de vuelta a la realidad, subiendo ya para planta, pude despedirme de aquellas dos personas, aquellos dos ángeles, por última vez, pero esta vez desde mi mundo.

Estaba asustada, ¿qué iba a suceder con él? Aquel chico que no quería soltar, pero que era obvio que Dios me había dicho que lo dejara. Así que cuando volví a mi habitación y lo vi, comencé a decir: «¡Fuera!, ¡fuera!». Estas dos palabras bastaron para quedarme sin habla. No puedo explicar lo que sucedió, mi madre estaba allí intentando tranquilizarle después de mis palabras, nadie entendía por qué me había quedado sin habla, no podía explicar nada de lo sucedido, mi mente hablaba pero mi boca no respondía. En medio de todo aquello, el médico dio una versión poco convincente. «Será el efecto de la anestesia», dijo él, pero yo sabía que no.

Comencé a pedir por señas un papel y un bolígrafo. No había papel así que escribí en un libro que aún conservo la siguiente nota:

«Quiero que vuelvas conmigo cuando seas un buen cristiano y estés separado». Me refería al divorcio puesto que este chico estaba separado pero no divorciado. «Jamás lo entenderías, no es la anestesia». Tenía temor a cerrar definitivamente la puerta a esta relación. Dios ya me había dicho «NO», pero yo escribía «quiero que vuelvas cuando...». No era eso lo que tenía que haber escrito aquel día, tenía que haber dicho adiós, cosa que un año más tarde pasó factura.

De todas maneras, quería contarles mi experiencia, ardía por dentro por contarla, pero por alguna razón me había quedado muda. ¿Era el efecto de la anestesia? No, por supuesto que no, puesto que cuando finalmente recobré el habla y me decidí a contar todo lo sucedido en el quirófano, aquel intenso dolor volvió a mi cuerpo. Estaba claro que no tenía la aprobación de Dios para contarlo, o por lo menos no en ese momento.

¿Te has preguntado alguna vez por qué las revelaciones de Dios no vienen junto a un manual de instrucciones? ¿Por qué generalmente cuando el Señor te revela algo parece que primero hay que masticarlo y poco a poco va tomando forma? Algo así es lo que supuso esta experiencia en mi vida. Es más, al día de hoy, escribiendo estas líneas, el Espíritu Santo continúa revelándome detalles de aquel suceso.

Pero lo que puedo decir con el paso del tiempo es que Dios todo lo hace perfecto, incluso las revelaciones vienen en su justa medida y en el tiempo preciso. Realmente hay una gran verdad encerrada en este versículo de la Biblia: «Todo tiene su tiempo».

TRES PUERTAS MALDITAS

Tres grandes puertas, tres grandes ruinas para mi vida: sexo, drogas y alcohol.

Cuando entregamos nuestra voluntad a algo o a alguien para servirle, nos hacemos esclavos de aquello a lo que servimos, es más, nos encontramos encerrados en un círculo vicioso irrompible de repeticiones involuntarias en nuestra vida. En otras palabras, nos encontramos luchando contra algo o alguien más poderoso que nosotros, por lo que pronto desistimos en el intento y nos rendimos esclavos a ese señor.

Esta sería una definición perfecta para mi primera puerta, la puerta del alcohol en la que aquel joven de belleza deslumbrante tomaba mi voluntad y respondía por mí. Él era mi señor, pues por alguna razón, en el transcurso de mi vida había decidido entregarle mi voluntad en esta área, perdiendo así la opción a decidir si quería o no continuar en aquel mundo de destrucción que conlleva el alcohol. Decidí abrir esta puerta entregando mi voluntad, haciéndome así esclava de un señor tirano y destructor. El dolor era la representación del sufrimiento que puede traernos una atadura, pero no solo a uno mismo, sino a todo nuestro alrededor.

Nuestro pecado no pasa desapercibido ante Dios. Dios es un Dios justo. La decisión que tomamos hoy puede determinar el mañana de nuestros hijos.

Si el Espíritu Santo está trayendo a tu corazón algún pecado ahora, párate, arrepiéntete y clama a Dios por Su perdón y liberación. Dios es un Dios de vivos, sin duda contestará tu oración.

¿Por qué nos cuesta tanto creer que Jesús está vivo? Proclamamos Su resurrección, cantamos alabanzas declarando Su victoria a la muerte, y hablamos y testificamos de un Dios resucitado, un Dios vivo y un Dios de vivos. Ahora dime, ¿qué hace un vivo cuando tú le pides un consejo? ¡Te lo da! ¿Qué hace un vivo cuando tú le haces una pregunta? ¡Te contesta! ¿Qué hace un vivo cuando tú le pides ayuda?... Ahora piensa en esto: ¿qué haría un muerto si le hablaras? ¡Nada! ¿Qué haría un muerto si lloraras frente a él? ¡Nada!

¿Qué haría un muerto si...? ¡Nada! Nada de nada porque está muerto. Entonces, una vez más te pregunto, ¿por qué buscas entre los muertos al que vive?

Repetimos una y otra vez lo vivo que está nuestro Dios, pero lo tratamos como a un muerto. Si hablas con Él, ¿por qué no esperas respuesta? Si le cuentas un problema, ¿por qué piensas que no te ha oído? ¿Por qué repites una oración más de cien veces? ¿Harías eso con un vivo? Tal vez lo harías con un sordo, pero no con un vivo. Nuestro Dios no está muerto, ni tampoco sordo.

¿Acaso el que hizo el oído para oír no oirá?

La segunda puerta representaba las drogas, realmente nunca rendí mi voluntad a ellas, puesto que nunca me atrajeron lo suficiente. Pero mis compañías y los ambientes que frecuentábamos casi siempre me arrastraban a vivir en mi propia voluntad, y no en la de Dios. Que yo no consumiese drogas habitualmente o que no estuviese enganchada a ellas no quería decir que Dios aprobara mi estilo de vida, totalmente opuesto a Su voluntad.

Y en cuanto a la tercera puerta, ¿qué decir de esto? Pasé media vida en busca del príncipe azul, príncipe que siempre acababa convirtiéndose en rana.

No era el sexo lo que yo buscaba, tenía la capacidad de mantener relaciones duraderas sin sexo, pero en mi búsqueda de aceptación permitía licencias en mi vida que no estaban alineadas a mis principios. Lo único que yo buscaba era ser amada y aceptada en brazos de chicos que no podían sino traer más sufrimiento a mi vida. Sabía que mi vida no estaba bien, quería casarme pero a la vez tenía temor a equivocarme. Una y otra vez clamaba desde lo más profundo de mi corazón: «Señor, no permitas que me una en matrimonio con alguien que no viene de Tu perfecta voluntad». ¿No pedía una respuesta divina?

Aquella experiencia iba a quedar grabada en lo más profundo de mi corazón. Si antes no tenía paz, después de esto mucho menos. Sabía lo que tenía que hacer, Dios estaba trayendo respuesta a aquellas palabras pronunciadas un año atrás: «Si a mí Dios me dijera un día que no anduviera por los bares y que no bebiera alcohol, no lo haría más. Pero me lo tiene que decir Él y yo tengo que oírle bien». ¿Acaso podía pedir mayor revelación? Tuve una de aquellas experiencias que siempre pertenecían a otro. Deseaba comenzar una nueva vida en Cristo, deseaba obedecer a Dios, deseaba alejarme de aquella vida de sufrimiento y dolor y de aquel chico prohibido por Dios. ¿Pero cómo iba a ser mi vida ahora? ¿Sería capaz de conseguirlo?

La falta de compromiso y firmeza en mi corazón, sumado a mis temores y ataduras, me condujeron de nuevo al mayor de los abismos. Muerte y destrucción rodearon mi vida, pues Dios puso frente a mí la vida y la muerte, la bendición y la maldición, y me dijo: ¡Escoge!

«…os he puesto delante la vida y la muerte, la bendición y la maldición; escoge, pues, la vida, para que vivas tú y tu descendencia.»

DEUTERONOMIO 30:19

No supe escoger, no supe vivir.

CAPÍTULO 8

CUANDO RENDIRSE ES GANAR

«No todo el que me dice: Señor, Señor, entrará en el reino de los cielos, sino el que hace la voluntad de mi Padre que está en los cielos.»

MATEO 7:21

¿Realmente estaba haciendo la voluntad del Padre que tenemos en los cielos? Mi vida no daba frutos de ello. Más bien todo lo contrario, pues confesaba con la boca que Dios era mi Señor pero mi caminar era contrario a Su voluntad.

Debía tomar conciencia de mi pecado para poder clamar a Dios por perdón y liberación. Para ello, Dios permitió aquella gran experiencia en el hospital mostrándome la necesidad de limpieza y liberación que mi vida tenía.

Había ofrecido al Señor mi vida, pero lo que realmente había hecho era ofrecerla para adquirir un Dios Salvador, no un Dios Señor.

¿Comprendes esto? Tenía temor a morir, temor al infierno y terror a Dios. ¿Qué iba a sucederme cuando muriera? Dios iba a pedirme cuentas y ¿qué iba a decir yo?, ¿cómo iba a justificarme delante de Él? Por supuesto que quería ir al cielo o a ese lugar maravilloso del que los cristianos no paraban de hablarme. Pero cuando la cosa tenía que ver con rendir cuentas a Dios o dejar que mi vida fuera gobernada por Él, eso tomaba otro color. En definitiva, yo quería un Dios Salvador, pero no un Dios Señor.

"HABÍA OFRECIDO AL SEÑOR MI VIDA, PERO LO QUE REALMENTE HABÍA HECHO ERA OFRECERLA PARA ADQUIRIR UN DIOS SALVADOR, NO UN DIOS SEÑOR".

Nuestro Señor no es un Dios tirano y dictador, es un Dios amoroso, que da la opción al ser humano de decidir su propio camino, camino que si no es escogido bajo Sus mandamientos, puede resultar ser el camino que te lleve a la perdición.

«Hay camino que al hombre le parece derecho; Pero su fin es camino de muerte.»

PROVERBIOS 14:12

Cuando miro hacia atrás y veo dónde y cómo he andado, comprendo el poco valor que daba a mi vida. ¿Cómo podía estar tan ciega? Había acallado totalmente mi conciencia. Aquello que tiempo atrás me hubiera parecido sumamente pecaminoso, resultaba que era algo totalmente normal en mi vida.

Las fiestas nocturnas llegaron a convertirse en el pan de cada día. Para poder hacernos una idea de la ceguera que podemos sufrir, voy a narrar un hecho que sucedió poco antes de entrar en el quirófano. Y como digo, mi vida se volvió siete veces peor, con lo que podemos imaginar el resto.

Uno de mis mejores amigos terminó totalmente enganchado a las drogas, y para conseguirlas, se hizo novio de un travesti que vivía en uno de los barrios más conflictivos de Bilbao. Este travesti trabajaba como prostituta, con lo que mi amigo podía tener la droga que quisiera gracias al dinero fácil que su pareja ganaba.

Un día su madre me llamó desesperada y me dijo que la acompañara a buscar a su hijo, pues hacía un mes que no sabía de él y pensaba que, tal vez, yo podría hacerle recapacitar acerca de lo que estaba haciendo y traerlo de vuelta a casa.

Esa misma tarde me vi recorriendo aquellas calles llenas de prostitutas y drogadictos en busca de mi amigo. ¿Qué crees que sucedió? Todo aquello que ahora puedo ver como horroroso e inmoral era totalmente normal para mí. Así que, en lugar de intentar llevarme a mi amigo a casa, sucedió que terminé enredada con él y sus amigos de fiesta en aquel lugar.

Yo veía la necesidad que aquellas personas tenían de Cristo y no podía no hablarles de Él. Pero todo lo que yo decía no tenía ningún valor, porque ni yo misma estaba dispuesta a obedecerle, además, creía que yo nunca terminaría así. ¿Te imaginas la situación? Entre prostitutas, camellos, chulos, heroinómanos… Y yo hablando del amor de Dios y de la vida que Dios tenía para nosotros. Lo que sucedía era que mis palabras no eran avaladas por mi testimonio, así que poco caso podían hacerme cuando hablaba de un Dios libertador y yo daba ejemplo de esclavitud.

Estaba totalmente alejada de los caminos de Dios, pero mi boca confesaba a Jesús como Señor y Salvador. Si en toda mi vida algo estaba enderezado, era precisamente esto, que jamás me avergoncé de reconocer a Jesucristo como Hijo de Dios.

"NUESTRO SEÑOR NO ES UN DIOS TIRANO Y DICTADOR, ES UN DIOS AMOROSO, QUE DA LA OPCIÓN AL SER HUMANO DE DECIDIR SU PROPIO CAMINO"

Esta es solo una de las miles de historias que he vivido. ¿Crees que el pecado me llevó demasiado lejos? Quiero que sepas que Dios no hace acepción de personas, pero el pecado tampoco hace diferencias.

Si vives fuera de la voluntad de Dios, ¿crees que el pecado no hará lo mismo contigo? Puede ser que no te toque en la misma área que a mí, pero sin duda te llevará todo lo lejos que pueda en el área en el que le estés dando entrada. Recuerda que la paga del pecado es muerte.

Al salir de aquella operación, Dios me estaba dando una nueva oportunidad. Aquella experiencia me hizo tomar conciencia de lo mal que andaba mi vida y determiné obedecer a Dios. Me volqué en una amiga que tenía en mi pueblo a la que llamaremos Julia, quien me hablaba del amor de Dios y de Su perfecto plan para mi vida. Quería estar firme en la decisión que había tomado, pero poco a poco mi vida se fue apartando del Señor con tanta sutileza, que ni yo misma me daba cuenta del peligro que volvía a correr.

La inmoralidad no tiene límite, todos los principios de Dios fueron pisoteados y cambié todos los valores cristianos por valores paganos. Y ¿cómo había sucedido esto? Sabía lo que Dios me había revelado, sabía qué camino tenía que seguir, entonces, ¿por qué volvía atrás?

Es muy fácil dar una explicación a todo lo que me sucedió, en realidad no fue más que una serie de decisiones equivocadas que desencadenaron en muerte y perdición debido a mi desobediencia. ¿Recuerdas que ya estaba escrito «no te unas en yugo desigual»? Cosa a la que desobedecí. Y ¿recuerdas también que estaba escrito «no adulterarás»? Cosa a la que también desobedecí. Pues a todo esto se suma que volví a desobedecer por segunda vez el mismo mandato de Dios: ¡Expulsa y derriba!

Como he contado en el capítulo de David y Betsabé, la vida me iba muy mal por no obedecer esta orden. Cuando acepté a Jesús como mi Señor y Salvador, entré a formar parte de Su pueblo, y como consecuencia, la orden de Dios para mi vida era la de expulsar de ella todo aquello que no pertenecía a Su reino, y derribar en mi mente todo argumento que iba contra el conocimiento de Dios.

> «...derribando argumentos y toda altivez que se levanta
> contra el conocimiento de Dios.»
>
> 2 CORINTIOS 10:5

Cosa que no hice y cosa que me costó un precio muy alto. Poco a poco comencé a darme licencias en la vida, que sutilmente se introducían en ella ganando terreno para el enemigo. Seguramente entenderás que cuando se da la primera calada al cigarro nadie piensa que puede quedar preso en él. Y así podríamos hablar de una mala actitud, una mirada a lo prohibido, etc. Pues esta es la manera de obrar de Satanás en todas las demás cosas. Tu vida comienza a deteriorarse pasando por fases que nunca van decreciendo, sino por el contrario, el deterioro espiritual y físico siempre va en aumento.

> «Por tanto, si tu ojo derecho te es ocasión de caer, sácalo,
> y échalo de ti; pues mejor te es que se pierda uno de tus
> miembros, y no que todo tu cuerpo sea echado al infierno.»
>
> MATEO 5:29-30

Cada vez que leía este texto me daba la vuelta el corazón, ¿sabes por qué? Porque entendía perfectamente que Dios no me pedía que me sacara un ojo, sino que algo que en mi vida era tan preciado como un ojo, tenía que ser sacado de ella. Con aquel chico, creía suplir todas mis necesidades, por tanto para mí, era tan preciado como el ojo derecho. No podía imaginarme mi vida sin él, ¿con quién iba a compartir mi futuro? Mi vida giraba alrededor de él. Y por otro lado creía que era demasiado mayor para estar sola, es decir, tenía que casarme cuanto antes.

¡Qué engaño tan grande! Si Dios me hubiera dado aquel chico, me hubiera casado en el tiempo que yo creía conveniente, pero no hubiera sido feliz.

—

"LA PAGA DEL PECADO

ES MUERTE".

—

Siempre es mejor esperar el chico y el tiempo de Dios, que tomar tu chico y tu tiempo y después pretender que Dios dé Su bendición. Una y otra vez escuchaba al Señor susurrar a mi oído: sácalo de ti, saca el pecado de ti, saca el pecado de tu vida o terminará destruyéndote.

«...pues mejor te es que se pierda uno de tus miembros,
y no que todo tu cuerpo sea echado al infierno.»

MATEO 5:30

Mejor era que terminara esta relación a terminar en el infierno, además de sufrir en esta vida todo el tormento de las consecuencias del pecado.

Quise retener en mi corazón su amistad, solamente su amistad. Estaba decidida a no tenerlo por novio, pero a la vez quería tenerlo cerca.

¿Qué estaba haciendo? ¡Desobedecer! Pues la orden era «¡expulsa y derriba!».

Sumándose a todas estas desobediencias se sumaba una más, encubría un pecado, un pecado a través del cual Satanás no hacía sino acusarme y condenarme impidiendo que mi vida saliera a libertad. Me preguntaba una y otra vez cómo había sido capaz de hacer semejante cosa. En mi mente, ese pecado era imperdonable y yo lo había cometido. Ya nada en mi vida sería igual, Dios no podía amarme, ya estaba condenada y desechada. Esta era mi opresión. ¡Pero no era cierto! Solamente estaba paralizada, paralizada por Satanás debido a que le había vuelto a entregar mi voluntad. Ahora sí necesitaba un Dios Libertador, nadie más que Él podía sacar mi vida de aquel infierno en el cual no existía otro culpable más que ¡yo!

«El que encubre sus pecados no prosperará; Mas el que los confiesa y se aparta alcanzará misericordia.»

PROVERBIOS 28:13

«Alcanzará misericordia», qué preciosas palabras y qué verdad tan profunda. Estas palabras caen como bálsamo a mi corazón, pues es esto precisamente lo que sucedió en mi vida.

Un día, cansada de sufrir aquella tortura interna, me dirigí a casa de mi amiga Julia y, sin saberlo, mi Señor había preparado la puerta de salida a mi liberación. Defiendo firmemente que hay personas que terminan cediendo su voluntad a Satanás y, por tanto, pierden el poder de ejercer la fuerza necesaria para salir de su pecado. ¿Quién es el culpable? ¿Satanás? Por supuesto que no, el culpable es uno mismo, pero es una realidad y debemos entender esto para poder ayudar a aquellas personas que se encuentran atadas y heridas, en lugar de ser usados en su contra para terminar de hundirlas.

Una ilustración perfecta la tenemos en la historia del buen samaritano. La persona que estaba herida en el camino necesitaba de alguien para no morir. No necesitaba un sermón, tampoco necesitaba una reprensión ni un dedo acusador. Necesitaba una persona que bajara hasta donde él se encontraba, vendara sus heridas y tuviera misericordia. Nosotros podemos ser esa persona, nosotros debemos ser el buen samaritano.

"SIEMPRE ES MEJOR ESPERAR EL CHICO Y EL TIEMPO DE DIOS, QUE TOMAR TU CHICO Y TU TIEMPO Y DESPUÉS PRETENDER QUE DIOS DÉ SU BENDICIÓN".

Julia fue la persona que se rebajó hasta mi nivel, me escuchó, vendó mis heridas con sus palabras, derramó el bálsamo de aceite con la unción a mi alma herida y me llevó al lugar donde podían darme la ayuda necesaria.

¿Cómo sucedió? Mi parte fue confesar mi pecado y la parte de Dios derramar Su misericordia a través de ella. Me animó a contárselo a mi pastor y hubo una gran liberación en ello. Ahí comenzó el proceso de sanidad y liberación en mi vida. ¿Cuál fue la llave? Yo estaba atada, pero tenía boca para confesar y alcanzar misericordia.

Otra gran preocupación era mi amistad con este chico, que de alguna manera no me atrevía a soltar por completo, así que decidimos pedir consejo a una persona que estaba en autoridad sobre nosotros y descansar en ello. Justamente este era el tiempo en el que dicha persona disfrutaba de sus vacaciones, y a Julia se le ocurrió que podía orar por mí y traer una respuesta de Dios al regreso de ellas. (Quiero explicar que tanto los líderes, como diáconos, misioneros, pastores etc., se pueden equivocar, pues aun siendo personas de Dios, siguen siendo humanas). Y esto es lo que sucedió, dado que su respuesta al regreso de las vacaciones no fue la que esperaba y autorizó mi relación con aquel chico. En cierta manera, esto no fue un alivio para mí, pues sabía en lo profundo de mi corazón que Dios no aprobaba esta unión, pero me amparé en la decisión de aquella persona y decidí continuar mi noviazgo. Instante en el que se acabó de terminar la poca paz que me quedaba. Quería con todas mis fuerzas creer que Dios me bendeciría, pero sabía en mi interior que no sería así. Con lo que comencé a tener temor, y dejaba y tomaba la relación con este chico hasta el punto de entrar en la mayor de las amarguras.

El Señor me hablaba de todas las maneras posibles pero mis oídos espirituales estaban cerrados a Su voz, o más bien, yo quería cerrarlos para poder seguir en mis caminos a pesar de la ausencia de paz.

Otra de las cosas era la falta de conocimiento de Dios, Él usó todo aquello para grabar en mi corazón que nunca debo confiar más en el hombre que en Dios. No conseguía fiarme plenamente de Él porque no le conocía.

Un día, recuerdo cuánto me tocó una historia que leí en un libro de enseñanzas. Decía que Dios hablaba al ser humano, pero si este se obcecaba en preguntar y preguntar a Dios acerca de la misma cosa una vez de haber escuchado la respuesta, esto quería decir que el ser humano no estaba dispuesto a escuchar la voluntad de Dios, sino que estaba esperando que Dios contestara lo que a él le apetecía oír. Y si esto era así, esta persona corría el peligro de que Dios contestara «¡vete y haz lo que quieras hacer!», y creer que Dios le estaba dando permiso para hacer algo a lo que ya había dicho «NO», tal y como sucedió en la historia de Balaam contada en el libro de los Números.

Aquella historia entró en lo profundo de mi corazón y me sentí totalmente identificada. Dios ya me había dicho que NO, ¿por qué continuaba preguntando? Cuando en Su palabra el Señor se refería a las personas que un día le dirían «Señor, Señor…» y Él les contestaría «no os conozco» y por tanto no entrarían en el reino de los cielos, porque no hacían la voluntad del Padre, pensé que bien podía estar refiriéndose a mí. Pues mi boca decía «Señor, Señor», pero mi vida no estaba en la voluntad de Dios. Con ese pensamiento, volví a comentarle a un pastor acerca de todo el tema, exponiendo mis dudas acerca de aquella relación. Concretamente le conté la historia que había leído y cómo me había sentido totalmente identificada, pero su respuesta me descolocó.

Supuestamente él creía que esta historia no tenía nada que ver conmigo y no quería decir que yo no pudiera salir con aquel chico, es decir, que lo había interpretado mal. Pero, ¿sabes lo que digo? Cuando la palabra *rhema* de Dios es dada a una vida, es posible que solo la persona a la que le fue dada entienda su significado, pues esa palabra fue dada directamente al corazón. Con lo que lo mejor de todo es obedecer Su voz, pues de lo contrario irás en camino de maldición. Podemos acallar esa voz, podemos disfrazarla, podemos luchar contra ella, pero seguirá siendo la palabra *rhema* de Dios para nuestra vida. Inamovible, invariable, es decir, el único camino a la bendición. Pero en aquella época, nuevamente retomé la relación con mi novio, aun con mi total ausencia de paz.

Esa búsqueda del príncipe azul para llenar mi vacío siempre había sido mi debilidad, y Satanás usaba esta baza como la mejor de las armas contra mi vida. Cometí el grave error de fiarme más del hombre que de Dios. Jamás debí preguntar a nadie acerca de algo de lo que Dios ya había hablado (en Su palabra), pues esto me costó caro. Además, los seres humanos, por muy íntegros que sean y por muy buenas intenciones que tengan, nunca van a tener el conocimiento pleno de las cosas y de los hechos. Dios ya me había dicho que aquel chico no era para mí, ¿por qué insistir? Solo Dios conoce lo profundo de los corazones, así como el presente y el futuro de las cosas. ¿Entonces? ¿No es mejor y más sabio fiarse de Él? Esto es algo que he ido aprendiendo a través del tiempo y de todos mis errores, pero aquel día me quise fiar más de las palabras de aquel ministro y de mis sentimientos que de Dios. Lo que supuso que en cosa de un año me vi de nuevo envuelta en prácticas paganas semejantes a las que practicaba el pueblo de Israel, puesto que Satanás trabaja de la misma manera contra los seres humanos a través de los siglos.

Había entrado nuevamente en el ciclo del peca–confiesa–peca, ciclo en el que Dios permite enemigos en tu vida como los permitió en el pueblo de Israel, a fin de que en nuestras prisiones, terminemos clamando a Él. Pecamos, somos disciplinados y azotados, pedimos ayuda a Dios, somos ayudados pero volvemos a pecar. Y así sucesivamente, porque no hemos determinado poner fin al pecado en nuestras vidas, no hemos determinado arrojar el pecado de ellas.

El pecado no tiene límite, el pecado siempre tiene hambre de iniquidad, siempre pide más, nunca se sacia. El pecado destruye tu vida y te hace perder la voluntad. Es sutil, entra sin darte cuenta, y cuando te quieres dar cuenta, está dentro y no puedes librarte de él. Es más fuerte que tú, has perdido tu voluntad y tu vida está a merced de Satanás. Necesitas un libertador, y ese libertador se llama Jesús.

¡Recuerda esto! Aquello que ahora mismo tienes retenido en tu corazón es justamente lo que va a traer la ruina y desolación a tu vida. Suéltalo para poder ser liberado, restaurado y bendecido por Dios. ¡Un Dios de pactos! Qué preciosa descripción de Dios. El Dios de pactos. ¿Crees que me dejó abandonada a mi suerte? ¡NO! De ninguna manera. Él realmente es un Dios de pactos, un Dios al que puedes clamar y aunque tú olvides, Él no olvida.

Un domingo como otro cualquiera, sentada en un rinconcito de la iglesia, creyendo que mi vida no tenía ninguna solución y con mil pensamientos sin un orden en mi mente, sucedió algo que volvió a darme vida. Una persona con la que yo solía salir, tocó mi hombro a escasos minutos de terminar el servicio y me dijo: «¿Salimos? Podemos ir a tomar unas copas, me están esperando». No puedo explicar lo que sentí en aquel momento, la batalla comenzó a librarse en mi mente de manera brutal. Por un lado, pensamientos tales como «sal de aquí, esto no es más que un fastidio», «aquí nunca pasa nada», «¿dónde está tu Dios?»… querían arrastrarme fuera de aquel lugar para no volver nunca más; pero, por otro lado, todo mi ser estaba clamando con la esperanza de que Dios realmente estuviera allí y pudiera hacer algo por mí. En medio de esa lucha, y en décimas de segundo, determiné en mi corazón que no me marcharía de aquel lugar hasta finalizar todo el servicio de aquel culto, pues esperaba con todo mi corazón que de algún modo Dios me viera y tuviera misericordia de mí. Había vencido, tomé la decisión correcta y en ese mismo instante todo mal pensamiento fue derrotado y una profunda paz se posó sobre mí. De modo que me encontraba allí, pensando como última esperanza que Dios se acordaría de mí y vendría a liberarme de mi tormento.

"¡UN DIOS DE PACTOS! QUÉ PRECIOSA DESCRIPCIÓN DE DIOS. EL DIOS DE PACTOS".

Decir que nuestro Dios es maravilloso sería poco decir, nuestro Dios es mucho más que maravilloso, nuestro Dios es único. ¿Sabes qué sucedió? Sucedió algo que cambió el rumbo de mi vida. ¡Nunca olvidaré aquello! Estaba tan abatida, tan desesperanzada, tan triste… y justo al tiempo de terminar el servicio, y como si ya no hubiera esperanza, mi pastor, saliéndose de todo esquema establecido, comenzó a cantar un corito que decía así:

«El Señor está en medio de ti, poderoso, poderoso, Él salvará se gozará sobre ti con alegría...».

Reconocía aquella voz, era la voz de mi Señor hablando a mi corazón, Él estaba haciendo un pacto conmigo, Él iba a salvarme, iba a liberarme, no me había abandonado. No podía sino llorar y llorar quebrantada delante de Él.

Salí de aquella iglesia con un gozo pleno, tenía la fe de creer que Dios iba a liberarme pronto, Dios había hecho un pacto conmigo y Él se encargaría de cumplirlo.

En mi camino de muerte, cuando aún caminaba a tiempo de retroceder, fueron muchas las veces que escuché al Señor hablar a mi corazón. Fueron muchas las veces en las que Dios intervino poniendo obstáculos en mi camino e incluso abriendo la boca de la asna, para hablarme como lo había hecho miles de años atrás con Balaam (Números 22:21). Él no quería que llegara tan lejos, pero continuó haciendo Su perfecta obra en mi corazón, dado que yo no daba mi brazo a torcer.

Recuerdo un día en especial en el que el Señor me llevó a un culto de oración, en una Iglesia a aproximadamente cuarenta y cinco minutos de mi pueblo. Y digo «el Señor me llevó» porque fue la única vez en mi vida que yo me desplacé sola a una Iglesia que no conocía, que no sabía dónde estaba y en la que no conocía a nadie, solo para asistir a un culto de oración. ¡Qué locura! Pero ahí estaba el Señor, volviendo a salir a mi encuentro. Al llegar a aquel lugar, me acomodé en una de las últimas filas, todo estaba abarrotado, había muchísimas personas. Sentía la preciosa presencia de Dios en aquel lugar y, de pronto, no lo podía creer, la persona que compartía era alguien que Dios estaba usando para traer palabra *rhema* de nuevo a mi vida. El Señor me había llevado hasta allí solo para escuchar estas palabras: «Si has tenido un sueño o una respuesta de Dios, obedécele solo a Él, ni siquiera tomes en cuenta lo que un pastor pueda decir, si está diciendo lo contrario» (a la palabra de Dios). No podía dar crédito a lo que estaba oyendo, en otras palabras, aquel hombre estaba diciendo que me era necesario obedecer a Dios antes que a los hombres. Era exactamente lo que me estaba sucediendo. Yo había tenido una experiencia con Dios y me había vuelto a enredar guiada por el engaño de mi corazón, queriendo escuchar lo que yo quería escuchar en lugar de lo que Dios me dijo en realidad.

¿Sabes cómo se encontraba mi vida? Corría de un lugar a otro buscando respuesta, respuesta a algo que Dios ya había dicho «NO», pero que yo quería escuchar «SÍ». Además, intentaba auto convencerme a mí misma de que éramos «creyentes». Acudíamos todos los domingos a la iglesia y la mujer de mi novio ya estaba saliendo con otro. ¿Qué me impedía entonces ser feliz con él?

Una vez más había volcado todo mi ser en aquel chico, con lo que la paz había vuelto a desaparecer. ¿Paz? Ni siquiera sabía qué quería decir esa palabra. Mi vida era una vida llena de opresión y desasosiego.

Las personas de mi iglesia, líderes, etc., me daban su bendición para salir con este chico, pero de nuevo escuchaba la voz de Dios diciendo «¡NO!». Envuelta en el mismo círculo, comencé de nuevo a tomar y dejar la relación una y otra vez, luchando entre lo que debía hacer y lo que quería hacer. Y en este tira y afloja, cuando creía que ya todo estaba perdido, el Señor en Su misericordia se inclina a mí y oye mi clamor.

«¡Señor, Sálvame!». Esta era la única frase que yo conseguía decir noche tras noche, con la esperanza de que un día Dios me oyera y me sacara de aquella vida que yo misma había decidido vivir, y que ahora estaba terminando conmigo. Una y otra vez clamaba: «¡Señor, Sálvame!».

¿POR QUÉ DUDASTE?

«... ¡Señor, Sálvame!»

MATEO 14:30

¿Recuerdas a quién corresponde esta exclamación? A Pedro, un hombre que al ver el fuerte viento tuvo miedo y, comenzando a hundirse, dio voces, diciendo: ¡Señor, sálvame!

Podemos ver que no se aprecian en este clamor grandes plegarias ni vanas repeticiones, podemos apreciar también que esta oración carece de religiosidad, puesto que es difícil imaginarse a Pedro fustigándose de rodillas y arrepintiéndose una y otra vez por su pecado, mientras se estaba hundiendo. Más bien vemos un hombre que expresa su temor y automáticamente es rescatado por su Salvador, Jesús.

«Al momento Jesús, extendiendo la mano, asió de él, y le dijo: ¡Hombre de poca fe! ¿Por qué dudaste?»

MATEO 14:31

Y le salvó.

¿Por qué dudaste, Ana? Esta sería la pregunta que el Señor estaría haciéndome una y otra vez cuando, después de Su revelación, volví a enredarme sutilmente en el mundo del sexo, las drogas y el alcohol. ¿Por qué te es difícil confiar en mí? No había respuesta, ya estaba de nuevo envuelta en los deseos de mi carne, las pasiones desordenadas y la vida de perdición.

Ahora ellos tenían un derecho legal sobre mi vida, con lo cual todo iba desmoronándose poco a poco, ya no podía encontrarle ningún sentido a vivir. Pensé en morir, pero sabía que el suicidio estaba condenado por Dios y de todos modos tampoco era tan valiente. Solamente aquel que ha vivido o está viviendo todo lo que yo viví puede entender cómo me sentía, y puede entender lo que significa meterse en la cama con el único deseo de no haber existido jamás. ¿Para qué vivir? ¿Dónde estaban la paz, el gozo y la alegría de la que por años me habían hablado en la iglesia? ¿Dónde estaba aquel Dios que decía estar donde dos o tres estaban congregados en Su nombre? Sin duda se había olvidado de mí, o eso pensaba yo.

Muchos de nosotros solo aprendemos la lección cuando elegimos un mal camino y caemos en el abismo. Dios lo permite para que crezcamos y una vez que clamamos a Él, corre a rescatarnos.

Dios tiende Su mano una y otra vez, no hay pecado que se le resista, no hay batalla que no pueda librar, y no hay vida que no pueda rescatar y sanar, pero tú tienes que extender la tuya para agarrar la de Él.

El Señor no solo no se había olvidado de mí, sino que tenía un plan maravilloso de salvación preparado para rescatarme. ¡Él había hecho un pacto conmigo! Y aunque yo me olvidé, Él jamás lo olvidó.

Aquella amiga, Julia, en este tiempo se marchó a vivir fuera, concretamente a Pamplona, con lo que me quedaba sola sin tener en quien apoyarme. Tenía a aquel matrimonio que mencioné anteriormente, pero vivíamos a más de media hora, con lo que el día a día se me hacía bastante difícil. Espíritus de temor me atormentaban, espíritus de adivinación traían visiones a mi mente y las presencias extrañas se hicieron habituales en mi vida. Un mundo tenebroso, desconocido, un mundo al que supongo di entrada a través del tarot y los juegos de adivinación que tiempo atrás había practicado, abriendo así mi mente y mi corazón a espíritus engañadores.

Julia era la única persona que tenía cerca de mí con conocimiento en esas áreas. Muchas veces me había hablado de las maldiciones, de los demonios y del mundo espiritual que existía en Dios y fuera de Dios. Además, ella era la única persona que me escuchaba sin levantar dedo amenazador y acusador contra mí, realmente esta persona reflejó y dio del amor de Cristo a mi vida. Me amó, lloró conmigo, rió conmigo y así me ganó para Él.

Podía confiar en ella, sentía su amor profundamente, así que de nuevo volví a correr a su encuentro buscando soluciones. Ella nunca me echaba fuera, en este sentido, fue uno de los mejores ejemplos del amor de Cristo que tuve en mi vida.

La unción de Dios sobre su vida hacía que yo siempre me acordara de ella en los momentos malos. Así que nuevamente corrí a contarle todas mis opresiones y, esta vez, todo fue más drástico. Necesitaba ayuda urgentemente, me estaba muriendo espiritualmente y ella no iba a quedarse parada. Tenía la revelación del principio de autoridad, con lo que hizo las cosas con mucho orden. Pedimos permiso a mi pastor y, tras obtener su bendición, me llevó a hablar con el pastor que ahora la pastoreaba en Pamplona, pues se suponía que él tenía experiencia en estos temas.

"EL SEÑOR NO SOLO NO SE HABÍA OLVIDADO DE MÍ, SINO QUE TENÍA UN PLAN MARAVILLOSO DE SALVACIÓN PREPARADO PARA RESCATARME".

Lo que puedo decir es que el primer día que me humillé confesando mi pecado, fueron oídas mis plegarias. El Señor había hecho un pacto conmigo y estaba en el proceso de su cumplimiento. Él era poderoso en medio de mí y los días del enemigo en mi vida comenzaron a estar contados. Una nueva tierra comienza a abrirse bajo mis pies, una tierra en la que fluía leche y miel, una tierra de prosperidad. Comienza el camino a «La tierra prometida».

CAPÍTULO 9

EL GRITO DE MI ALMA

Sábado, 11 de Julio de 1998, verdaderamente sentía la presencia de Dios en aquel lugar. Algo allí era diferente, estaba observándolo todo atentamente y Dios parecía muy real en aquella reunión. La gente manifestaba gozo y amor. Todo se veía tan bonito allí... Los cánticos de alabanza parecían abrirte las puertas del cielo, no había opresión, había paz, mucha paz. Lloré y lloré durante toda la reunión, no podía explicar por qué lloraba, pero sentía una profunda liberación en el llanto. Si estaba allí era porque de verdad comprendí que mi vida necesitaba un cambio, un cambio radical. Dios iba a ayudarme, Dios tenía que ayudarme. Finalizó el culto y pasé a hablar con el pastor y Julia a su despacho. Una vez más mi debilidad y la perfecta arma de Satanás contra mi vida, delante de mí. Continuaba obsesionada con la relación que tenía con mi novio, pues Dios no me permitía tener paz. Quería que aquel pastor también me diera su bendición para esta relación, cosa que no sucedió. Y aunque hubiera sucedido, yo hubiera continuado sin la paz que buscaba, puesto que esa paz solo podía provenir de Dios, y Él no estaba dispuesto a dármela, pues recordamos que ya me había dicho «NO».

«La paz os dejo, mi paz os doy; yo no os la doy como el mundo la da. No se turbe vuestro corazón, ni tenga miedo.»

JUAN 14:27

¡No como el mundo la da! Yo buscaba la paz en el mundo y en las personas del mundo, y no era eso lo que Dios tenía preparado para mí.

Siempre he tenido una sensibilidad extraordinaria para el mundo espiritual, tanto para escuchar el reino de las tinieblas como para escuchar la voz del Espíritu Santo. Seguro que esto era un don que Dios me dio y que Satanás usó.

Sentada en aquel despacho, comencé a hablar con el pastor acerca de cómo estaba mi vida para intentar llegar a alguna solución, cuando de pronto alguien habló a mi mente y me dijo: «Escapa de este lugar, porque esto es una secta y te van a desnudar». Quedé paralizada, no había nadie más en aquel lugar, pero sé que escuché perfectamente aquella voz dirigirse a mi interior. El temor se apoderó de mí, me faltaba el aire, una presencia extraña me abrazaba y comencé a pensar en todas las cosas que se ven por televisión. ¿Y si esto es una secta? ¿Qué me van a hacer? Aquel hombre hablaba y hablaba pero yo no conseguía escuchar nada de lo que decía. Mi único deseo era salir de aquel despacho y desaparecer. No quería escuchar nada más, no me importaba qué pudieran ofrecerme, pues lo único que me faltaba ya era terminar encerrada en una secta para terminar de morir. Salí de aquel lugar de estampida, mientras Julia venía detrás de mí, pues seguro sabía que estaba siendo engañada por el enemigo. No pudo hacer nada, yo tenía voluntad y opté por marcharme con mi novio para mi pueblo.

Una semana más en mi sombría vida. ¿Nadie se daba cuenta de lo que estaba viviendo? ¿No había alguien a quien le importara mi vida? ¿Es que nadie iba a ayudarme? Estos eran todos mis pensamientos, no había más, no había más que dolor.

¡Por supuesto que sí! Mi precioso Salvador estaba moldeando Su vasija. Él era el alfarero y yo el barro en Sus manos. Él estaba cumpliendo Su pacto en mí, pero yo todavía no conseguía verlo. No podía más, mi vida no cobraba ningún sentido, nada me importaba, nadie me importaba y solamente quería no existir.

La única cosa que me quedaba era acercarme de nuevo a Dios, ¿qué podía perder? Así que me acordé de aquella iglesia en la que Su presencia era tan real, que hasta yo misma podía sentirla. Me armé de valor, rechacé todos los malos pensamientos en mi mente y llamé para saber si podían atenderme ese mismo sábado, día 18. Dios estaba detrás de todo esto, Él abrió las puertas y, para mi sorpresa, me concedieron otra entrevista. ¿Pero qué iba a contarles?

¿Por dónde empezaría? Y en el caso de que me comprendieran, ¿qué podían hacer ellos por mí? ¡Nada! Ellos no podían hacer nada, pero Dios podía hacerlo todo, puesto que no hay imposible para Dios. Y ahora Dios estaba usando la vida de estas personas para liberarme.

Aquel sábado fuera de aquella iglesia, Julia me hizo una pregunta, pregunta que jamás he olvidado. «Ana, si Dios te dijera ¿qué quieres que te haga?, ¿qué contestarías?». Tremenda pregunta aquella, por lo menos eso pensé yo. Dios tenía que dejarme pensarlo un mes, ya que mi vida estaba tan desordenada que ni siquiera podía pensar en lo que quería que Dios me hiciera. Entramos a la celebración del culto y otra vez aquella presencia. ¿Era realmente el Señor el que estaba en aquel lugar? Las alabanzas sonaban y algo dentro de mí era quebrantado, no podía parar de llorar. Creo que lloré como nunca antes lo había hecho. ¿Realmente podía Dios ayudarme? Ahora puedo decir que no solo podía ayudarme, sino que me introdujo de Su mano en aquel lugar, me habló, me amó y me libertó.

El pastor comenzó a compartir la palabra. Hablaba acerca de un hombre llamado Bartimeo, un hombre ciego al que Jesús le hizo una pregunta. Una pregunta que cambió su vida como cambió la mía, una pregunta que reflejaba el amor de Cristo, Su cercanía al ser humano y Su misericordia. ¿Qué quieres que te haga? Tan solo unos minutos atrás Julia me había formulado esa misma pregunta, ¿no es Dios impresionante? Aquella frase retumbó dentro de mí.

"ANA, SI DIOS TE DIJERA ¿QUÉ QUIERES QUE TE HAGA?, ¿QUÉ CONTESTARÍAS?"

¿Cómo era posible que ese hombre supiera lo que Julia y yo hablábamos minutos antes? ¿Quién estaba detrás de todo aquello?

¡Jesús! Jesús era el que me estaba esperando, no era aquel hombre quien sabía lo que habíamos hablado, sino el Espíritu Santo, quien una vez más estaba hablando a mi interior, pero esta vez no me resistí a escucharlo.

«Por lo cual, como dice el Espíritu Santo: Si oyereis hoy su voz, No endurezcáis vuestros corazones.»

HEBREOS 3:7-8

El pastor hizo un llamamiento al frente, ¿qué quieres que Dios te haga? Inmediatamente me levanté no queriendo perder la que creía mi última oportunidad de vivir. Corrí aquel largo pasillo hasta llegar frente al púlpito, y frente a aquel hombre que estaba siendo usado por Dios para traer una palabra de liberación a mi vida. ¡Por fin allí! No había vuelta atrás, estaba dispuesta a todo. El pastor volvió a repetir aquella frase, pero esta vez dijo: El Señor te dice, ¿qué quieres que te haga? «Ana, ¿qué quieres que te haga?». Escuché esta frase en lo profundo de mi ser. Era Él, ¡mi Señor! El Dios amoroso y cercano que siempre me había acompañado y al que yo no había conocido.

Extendí mis manos como símbolo de sumisión y respondí: «¡lo que quieras!». Esta fue mi respuesta, esta fue la mejor respuesta que di en toda mi vida. «¡Lo que quieras!, ¡lo que quieras!, ¡lo que quieras! Señor, ¡haz lo que quieras!». Hubiera repetido estas palabras mil veces, tenía la necesidad de derramar todo mi ser frente a mi Señor, y quebrantarme y vaciarme allí en Su presencia por entero. No podía más, me había cansado de luchar, me había cansado de sufrir, había llegado a un punto de desesperación en el cual no me quedaba otra que rendir mi vida a Cristo o morir. Señor, haz lo que quieras hacer. ¡Lo que quieras!

DIOS DE PACTOS

¿Recuerdas que Dios es un Dios de pactos? Él había escuchado mi clamor y ahora Él estaba allí con Su abrazo, con Su compasión hacia mi vida, con Su misericordia recogiendo cada lágrima que yo echaba en mi desesperación. «No te voy a dejar ni te voy a desamparar». Él mismo preparó el camino hasta encontrarnos en aquel lugar. Él llevaba mi vida en Sus brazos. Pero todo esto lo comprendí mucho tiempo después.

Un gozo, una paz, un algo inexplicable inundó todo mi ser. Era Su presencia, Su presencia estaba en aquel lugar, Su presencia estaba en mí.

Hubiera estado horas y horas allí, llorando, quebrantándome delante del Señor. Con aquel «¡lo que quieras!», comenzaba un nuevo caminar en un mundo desconocido, el mundo de la vida.

"EXTENDÍ MIS MANOS COMO SÍMBOLO DE SUMISIÓN Y RESPONDÍ: «¡LO QUE QUIERAS!»".

Eran tantas las promesas de Dios, ¿podría Dios llenar aquel vacío interior y darme la felicidad deseada? Finalizó el llamado y me senté en mi banco gozosa, cantaba aquellas alabanzas y no quería que aquello terminara nunca. Pensé que el cielo debía parecerse a aquel lugar, cuando un suceso vino a robar de nuevo mi paz. «¡A ver hasta cuando duras así!». Esta vez no pasó desapercibida, era aquella voz, la misma voz que había escuchado una semana antes diciéndome que me iban a desnudar. ¿Quién me estaba hablando? Y ¿cómo podía escucharle tan bien?

Volví de nuevo a aquella oficina junto a Julia y el pastor, quería contar lo que me había sucedido pero algo me lo impedía. ¿Me creerían?, o por el contrario, ¿pensarían que estaba loca? El Señor es nuestro Ayudador y Él peleaba por mí. Para mi sorpresa no solo me creyó, sino que me habló de la liberación que mi vida necesitaba. Una liberación que solamente podía provenir de Jesús, de aquel Dios amoroso y compasivo que comenzaba a conocer, mi Jesús Libertador.

Una larga semana siguió a todo lo que viví aquel sábado, una semana llena de esperanza y a la vez llena de opresión. Mi vida iba a salir a libertad y Satanás no estaba dispuesto a soltarme tan fácilmente.

El pastor de aquella iglesia, me propuso pasar aquella semana en el centro de rehabilitación de mujeres que tenían en un pueblo cercano, hasta el día de mi liberación. La idea me pareció buena, pues deseaba de todo corazón empezar de nuevo y estaba dispuesta a todo. Además, sería una buena oportunidad para dejar de fumar, pensé.

Pasé la semana expectante, no sabía qué iba a suceder aquel sábado.

¿Qué sería eso de la liberación? ¿Cómo sería? ¿Sería real? ¿Iba mi vida a ser liberada de todo aquello que me oprimía? Estaba contenta y a la vez temerosa.

¿Qué sucedería después? ¿Podría mantenerme firme en el Señor? Estaba tan acostumbrada a vivir la vida sin ningún sentido, vagando de aquí para allá, que me era imposible creer que existía otro tipo de vida, es decir, una vida mejor.

¿Existía realmente alguien en el mundo que estuviera satisfecho con su vida?

Una pregunta que el pastor me hizo se grabó en mi corazón. «Ana, ¿estás completa en Cristo?». ¿Completa en Cristo? Ni siquiera sabía qué era estar completa en algo. Toda mi vida era un desastre, ¿qué iba a haber completo en ella? Vivía cerca del evangelio, los domingos asistía a la iglesia y participaba de todo lo que allí se hacía, incluida la celebración de la Santa Cena, puesto que ya había sido bautizada años atrás. Pero no solo no vivía completa en Cristo, no vivía completa en nada. Y si aquello era Dios, tampoco me servía, porque aquel vacío que siempre me había acompañado seguía allí.

"SU PRESENCIA ESTABA EN AQUEL LUGAR, SU PRESENCIA ESTABA EN MÍ".

Me sentía incompleta, incompleta como madre, incompleta como hija, incompleta en mi vida, incompleta en todo. Tenía sed, una sed interior, un ansia de llenar mi vida con algo y no sabía con qué. Bebí en fuentes de aguas amargas, aguas que contaminaron mi vida, envenenando todo mi ser. Aguas que volvían a dejarme sedienta, volvían a dejar mi vida aun con más carencias y con más ansia que saciar. Lo que no sabía entonces es que solo en Jesús está la fuente de vida eterna.

«Respondió Jesús y le dijo: Cualquiera que bebiere de esta agua, volverá a tener sed; mas el que bebiere del agua que yo le daré, no tendrá sed jamás; sino que el agua que yo le daré será en él una fuente de agua que salte para vida eterna.»

JUAN 4:13-14

¡Qué preciosas palabras eran estas! Palabras que traían paz a mi interior y calmaban todos mis tormentos.

Una vez escuché a mi actual marido usar una ilustración muy bonita con referencia a las personas y a su vacío interior. Él explicó que los seres humanos somos como un puzzle que perdió su pieza central en el Edén, al perder la comunión con su Creador. ¿Qué sucede entonces? Sucede que desde que nacemos estamos incompletos, esto nos hace comenzar instintivamente la gran búsqueda en nuestras vidas, la búsqueda de *la pieza perdida*. Intentamos desesperadamente llenar el hueco del puzzle con piezas que vamos encontrando en el camino para lograr la plenitud. Las drogas, el sexo ilícito, el éxito laboral, el dinero, la fama, la religión, y un sin fin de piezas que no logran encajar. Queremos meterlas en el puzzle forzando incluso su naturaleza, pero siguen sin encajar, porque la pieza que completa el puzzle se llama JESUCRISTO. Cuando el ser humano encuentra al Señor, se da cuenta de que el puzzle ha sido completado y como consecuencia logra la paz, el bienestar, la armonía y todo aquello para lo que ha sido creado, es decir, se restituye la comunión con el Padre, perdida en el Edén. Ahora está completo, completo en Cristo.

Llegó el gran día, el día de mi liberación. Día que no olvidaré mientras viva. Allí estaba Él, mi Señor, y esta vez tenía un mensaje para mí. Alguien se me acercó y me dijo: «El Señor te dice: De cierto, de cierto te digo, que si crees, de tu interior correrán ríos de agua viva». ¿Puedes imaginar cómo esto impactó en mi vida? No era posible. ¡Mi vida le importaba a alguien! Mi vida le importaba a Dios. Él iba a ayudarme, pensé, y me apresuré a responder: «¡creo!».

Había conocido a un Dios tan lejano, que me era difícil entender lo cerca que estaba, me era difícil entender que me amaba y que mi vida le importaba. Cuando pensaba en completar el puzzle de mi vida con Dios, siempre tomaba la pieza de la religión, pensando que esa pieza era JESUCRISTO. Pero eso no solo me llevaba a una mayor frustración, sino que me llevaba a creer que no había salida en Cristo. Necesitaba conocer al Dios vivo, no al Cristo muerto.

"EL SEÑOR TE DICE: DE CIERTO, DE CIERTO TE DIGO, QUE SI CREES, DE TU INTERIOR CORRERÁN RÍOS DE AGUA VIVA".

De nuevo en aquel despacho… pero esta vez con mi vida rendida a Cristo y dispuesta a obedecer. Aquello tenía que funcionar porque yo ya no podía seguir luchando. Me habían vencido, todos los enemigos de mi alma estaban contra mí y habían ganado la batalla. Pero lo que descubrí aquel día fue que, aunque ganaron muchas batallas contra mí, no ganaron la guerra. Mi Dios peleaba por mí, mi vida le importaba y estaba comprada por un precio muy alto, el precio de la Sangre de Cristo.

«Porque habéis sido comprados por precio; glorificad, pues, a Dios en vuestro cuerpo y en vuestro espíritu, los cuales son de Dios.»

1CORINTIOS 6:20

Yo era de Dios, sabía que no iba a ser fácil, pero empezaba a conocer una parte de Él hasta el momento desconocida, mi Dios Libertador y Amigo. Mi Cristo VIVO.

Las primeras palabras que recuerdo de aquella tarde son las que el pastor me dirigió: «Ana, Dios te va a permitir pasar esta experiencia consciente para que nunca olvides lo que aquí va a suceder». ¿A qué se refería? ¿Qué era lo que no tenía que olvidar? Y después de esto, añadió: «solamente alaba al Señor y sujeta tu mente a Cristo».

Recuerdo perfectamente todo lo que sentía, puedo recordar la sensación de mi cuerpo, lo que había en mi mente, cada pensamiento que venía a ella, aquel pastor frente a mí, las otras dos personas, la silla en la que me senté... lo recuerdo todo, todo lo tengo grabado dentro de mí.

Comenzaban a orar, sus oraciones me parecían impactantes, nunca escuché orar así. El pastor hablaba con autoridad, sabía lo que hacía, pero... ¿esto era todo? Él oraba y nada fuera de lo normal sucedía. Esperaba algo extraordinario, esperaba el poder de Dios de manera sobrenatural o alguna otra cosa extraña, pero allí no había sino tres personas orando y yo sentada en medio de ellas. ¿Era eso lo que no tenía que olvidar? Aquel recuerdo está vivo dentro de mí, nada ni nadie podría jamás robarme lo que allí sucedió. Dios me mantuvo consciente, puesto que escuché otros testimonios en los cuales las personas no recordaban nada de lo sucedido, pero no era mi caso. Él me mostró Su poder y Su misericordia para que jamás olvidara Su amor por mí.

«¡Espíritu de...!». Esto es lo que recuerdo, mi cabeza cae sin poder hacer nada, ahora sí estaba sucediendo algo extraño, estaba consciente, tenía el control de todo mi cuerpo pero mi cabeza había caído al nombrar un espíritu.

¿Qué me estaba pasando? No había temor en mí, mi mente alababa y alababa al Señor pero intentaba levantar mi cabeza y no podía, era extraño aquello. Continúan orando y escucho «rencor», rencor que di entrada en mi vida a causa de mi padre. Mi cuerpo sentado en la silla es impulsado por alguna fuerza extraña hacia delante, tenía más poder que yo, no podía incorporarme, ahora no solo la cabeza no obedecía mis órdenes sino que tampoco mi cuerpo lo hacía. Estaba perpleja pensando en lo que estaba sucediendo, aquello sí se escapaba de la realidad. ¿Qué experiencia era aquella? De pronto oigo chillidos, alaridos y lloros, chillidos que venían de mi interior. Nadie los oía sino yo, ¿qué era aquello? Alguien chillaba y lloraba dentro de mí y no era yo. ¿Quién era entonces?

Demonios, demonios que lloraban al ser expulsados de mi cuerpo. Si tengo que contar exactamente lo que sucedió, tengo que decir que yo estaba perpleja, sorprendida, no hay palabras para describir aquello. No podía creer lo que mi cuerpo estaba haciendo, puesto que mi mente estaba alabando al Señor en perfecta paz, mientras que de mí salían demonios, demonios llorando y chillando. Para mí era algo increíble, o más que increíble. Experiencia que como he dicho, no olvidaré mientras viva.

Continuando la liberación, el pastor nombra algún espíritu relacionado con el espiritismo y es en ese momento cuando mi cuerpo pierde totalmente el control para caer al suelo. Puedo recordar el tapiz de aquel lugar, puedo recordar perfectamente mi cuerpo postrado en aquel lugar sin poder tomar control de absolutamente nada de él.

Una paz me inunda, paz mezclada con cánticos de alabanza, mi mente y mi corazón alaban a Dios, cuando escucho al pastor dirigirse a aquel demonio para decirle: «¡Qué! ¡Ya vemos que la tienes postrada!, ¡y qué! Ella ha renunciado a ti y ahora, ¡sal!». Entonces viene a mi mente todo lo vivido en el hospital, aquel atractivo chico (demonio), mi sufrimiento, mi cuerpo sin control, comienzo a recordarlo todo, no puede ser, ahora entendía lo que estaba sucediendo, el Señor estaba trayendo revelación a mi vida. Estaba atada, siempre había estado atada, creía en Dios, quería caminar hacia Él pero por alguna razón nunca lo había conseguido, estaba atada y ahora entendía que primero necesitaba ser desatada. Había perdido la voluntad, le había dado el control a otro, le había dado mi voluntad a Satanás y este me mantenía sujeta.

«Les prometen libertad, cuando ellos mismos son esclavos de la corrupción, ya que cada uno es esclavo de aquello que lo ha dominado.»

2 PEDRO 2:19

Él me había dominado puesto que yo perdí mi voluntad por el pecado.

Sentía una tremenda presión en mi cabeza, parecía que iba a estallar cuando el pastor pone sus manos sobre ella y dice: «¡Te he dicho que salgas!».

¿Cómo podía él saber dónde estaba la presión? Dios debía estar revelándole todas esas cosas, pensé. Continuaba en el suelo, esa experiencia estaba superando todo lo vivido en toda mi vida anterior hasta el momento. Demonios salían de mi cuerpo, pero seguía sin poder tomar el control de él. Es entonces cuando, después de una larga liberación, escucho: «Ana, toma el control de tu cuerpo», e inmediatamente, como si de algo mecánico se tratara, me incorporo y todo parece haber terminado.

"HABÍA PERDIDO LA VOLUNTAD, LE HABÍA DADO EL CONTROL A OTRO, LE HABÍA DADO MI VOLUNTAD A SATANÁS Y ESTE ME MANTENÍA SUJETA".

¿Cómo había sucedido esto en mi vida? ¿Cómo una persona podía llegar al estado que yo llegué? Toda mi vida cerca de Dios, toda mi vida en una iglesia evangélica y ahora venían a liberarme de demonios, no podía creer todo lo que estaba sucediendo. Entendí perfectamente las palabras de aquel pastor, había pasado todo el proceso de liberación consciente y ahora nadie podía robar de mi corazón esta vivencia. No importa quién la creyese, era mía, yo la había vivido y esto era imposible de olvidar.

Desde el vientre de mi madre, Satanás había tenido un plan diseñando contra mi vida, un plan con el que pensó aplastarme, hundirme y paralizar mi existencia con experiencias tan dolorosas como para desear no existir. Pero lo que él no sabía era que mi Dios Redentor iba a salir a mi encuentro para rescatar mi vida de aquel tormento, iba a limpiarla e iba a usar toda aquella porquería con la que él me había querido destruir, para ahora llevar Vida y bendición a otras personas.

En todo lo malo que viví siempre estaba la salida de Dios, pero comencé a enfocar mi vida hacia hábitos pecaminosos en lugar de enfocar mi vida a Cristo. Hábitos que fueron atándome sutilmente, hábitos que iban formándose lentamente, sin ni siquiera darme cuenta de ello; y cuando quise darme cuenta ya estaban soldados en mi vida, ya no podía romperlos.

Había entregado tantas veces mi voluntad a los hábitos que ahora era esclava de ellos, formaban parte de mi vida y dominaban no solo mi voluntad, sino que también dominaban mi vida. Ahora lo comprendía todo, Dios siempre había estado conmigo, Él mismo estaba detrás de cada experiencia esperando pacientemente a que yo clamara a Él de corazón para ser liberada.

«¡Señor, sálvame!». Este fue mi clamor y el Señor lo escuchó. Ahora estaba siendo salvada, ahora estaba siendo liberada.

«Pacientemente esperé a Jehová,

Y se inclinó a mí, y oyó mi clamor.
Y me hizo sacar del pozo de la desesperación, del lodo
cenagoso; Puso mis pies sobre peña, y enderezó mis pasos.
Puso luego en mi boca cántico nuevo, alabanza a nuestro
Dios. Verán esto muchos, y temerán, Y confiarán
en Jehová.»

SALMO 40:1-3

Esto fue exactamente lo que pasó. Me encontraba allí, de pie en aquel
despacho, y tenía que ser llena del Espíritu Santo. El pastor impuso
sus manos sobre mí y pidió que fuera llena del Espíritu Santo, y volví
a caer. Pero esta vez caí en Su presencia, la presencia de mi Señor. Me
inundaba Su paz y me sentía feliz, era la mujer más feliz del mundo.

«Hijitos, vosotros sois de Dios, y los habéis vencido:
porque mayor es el que está en vosotros, que el que está
en el mundo.»

1 JUAN 4:4

Jesús había vencido a todos mis enemigos y ahora no solo quería un
Dios Salvador, ahora quería un Dios Señor. ¡Mi Dios Salvador, mi
Dios Señor!

CAPÍTULO 10

UN NUEVO CAMINAR

Comenzaba una nueva vida para mí, ¿qué sucedería ahora con mi novio? Estaba libre, no quería llevar la vida antigua que por años había sido mi perdición y mi ruina, pero se habían creado lazos, lazos de afecto y también lazos formados debido a la fornicación y a otros pecados cometidos en aquella relación. Los sentimientos no desaparecieron de la noche a la mañana.

Tenía que escoger, sabía que no podía servir a dos señores a la vez, no podía seguir con mi novio y servir a Dios. Yo estaba decidida a seguir a Cristo, sin fornicación, sin borracheras, sin una vida pecaminosa. Además estaba libre, me sentía libre y tenía el poder de decir «¡NO!». No, a todo aquello que en un pasado me había oprimido. Ahora, por fin era verdaderamente libre, pero no era esta la visión de mi novio. Él tenía otros proyectos de vida, en definitiva, estábamos unidos en yugo desigual. No quiero con esto catalogar de incrédulo a aquel chico, simplemente quiero decir que en aquel momento no estábamos en un mismo sentir. Mi vida estaba totalmente inclinada a servir a Dios y él todavía tenía que vivir su propio encuentro con Jesús. Pero yo no quería soltarle, quien diga que las cosas con el Señor son siempre fáciles y maravillosas, miente.

«Y decía a todos: Si alguno quiere venir en pos de mí, niéguese a sí mismo, tome su cruz cada día, y sígame. Porque todo el que quiera salvar su vida, la perderá; y todo el que pierda su vida por causa de mí, éste la salvará.»

LUCAS 9:23-24

Cada día tuve que tomar mi cruz y mirar hacia delante. Estaba perdiendo a mis amigos, estaba perdiendo a mi novio, estaba perdiendo mis costumbres, estaba perdiendo la «vida», lo estaba perdiendo todo. Pero lo estaba perdiendo por causa de Él, por causa de aquel que me había liberado y me había dado VIDA, así que lo que realmente estaba haciendo era salvarla.

No estaba siendo fácil, pero puedo decir que sentía el caminar de Dios a mi lado como nunca antes lo había sentido, y esto a su vez me llenaba de gozo.

El Señor nunca dijo que todo sería un camino de rosas, pero prometió que juntamente con la tentación Él daría la salida. Y esto es lo que sucedió, me sometí a Dios, resistí al diablo y de mí huyó.

Quince días después de aquel 25 de julio, mi novio vio la imposibilidad de continuar con la relación. No existían relaciones, no existían fiestas, no existía diálogo… ¿Qué existía entre nosotros? ¡Nada!, no existía nada.

Un domingo, a la salida del culto, me dijo: «Cuando te vi cantar la canción *"he decidido seguir a Cristo"* comprendí que no te merezco», estas fueron sus palabras. No era que no me merecía, sino que él no estaba dispuesto a cambiar y yo no estaba dispuesta a mirar atrás, de modo que no podíamos continuar. Tenía que mirar a mi futuro en Dios y había determinado seguir a Cristo, como manifesté en aquella canción.

Esa misma mañana había leído un texto que tocó mi corazón, en el cual decía: «el Señor lleva tu futuro en Sus manos». Así que pensé que de alguna manera Dios me estaba liberando de una relación de la cual yo sabía que no existía ningún futuro, y de la que por años le había pedido ser liberada sin atreverme nunca a dar el primer paso por temor a quedar sola y sufrir. ¿Quiere decir esto que desde ese día todo acabó y todo fue maravilloso? No. Somos seres humanos y había vivido mucho con él. Formaba parte de mi vida, una parte importante, y tuve que luchar con pensamientos de soledad, de rechazo y de tristeza. Pero lo realmente maravilloso es la oportunidad que nuestra obediencia brinda a Dios para ejercer Su papel de Padre, de Protector, de Amigo.

Dios siempre estaba conmigo. Cada día leía una porción bíblica en un libro de meditaciones y Él se manifestaba con Su preciosa presencia. En un momento de angustia, cuando mis fuerzas flaquearon con respecto a mi relación con aquel chico, el Señor habló a mi corazón de manera muy directa. Concretamente recuerdo haberle pedido a Dios que me mostrara en la Biblia o en cualquier lugar el versículo que decía así:

«Y cualquiera que haya dejado casas, o hermanos, o hermanas, o padre, o madre, o mujer, o hijos, o tierras, por mi nombre, recibirá cien veces más, y heredará la vida eterna.»

MATEO 19:29

Así pude afirmar mi fe y seguir adelante en mi decisión. En aquel entonces no tenía otra manera de entender a Dios, así que supongo que a Él le pareció bien hacerlo así.

Esa noche leyendo este libro de meditaciones, para mi sorpresa, el Señor volvió a mostrarse a mi vida como el Dios vivo que es. Le había pedido algo muy concreto para cobrar fuerza y mirar hacia delante y Él me estaba contestando también de manera muy concreta. La historia a leer era la de «el joven rico», y precisamente allí estaba el versículo que ese día le había pedido a Dios. ¿Acaso no estaba vivo? Él cumplió esta promesa en mi vida mucho más allá de lo que yo podía imaginar.

Lo primero que el Señor me regaló fue otra amiga, una muy buena amiga a la que llamaremos Sara, con la que viví una parte importante de mi vida y en la que me apoyé al salir de mi mundo de pecado. Sara y yo ya compartíamos las fiestas y las salidas nocturnas, pero cuando digo que Dios me la regaló quiero decir que, al poco de mi conversión, ella también entregó su vida a Cristo, y pudimos caminar juntas en el evangelio.

Esta es solo una historia de cientos que siguieron en mi caminar diario con Dios, cosas que la mente humana no podría jamás comprender si no es el Señor mismo quien se las revela.

Como dice la palabra de Dios, el hombre natural no percibe las cosas del Espíritu de Dios, porque para él son locura y no las puede entender, porque se han de discernir espiritualmente (1 Corintios 2:14).

Nunca hubiera podido vivir estas experiencias si no hubiera determinado en mi corazón lanzarme a Sus brazos en total confianza.

Este fue un tiempo maravilloso que yo recuerdo caminando con Dios, era Su niña, niña a la que mimó, amó y protegió. Él sabía hacerse entender conmigo como nadie, me hacía caminar entre algodones, viví un año entre nubes de algodón.

Dios es un Dios que espera a que demos el primer paso para lanzarse a nuestro rescate, un Dios que supo conducir mi vida con mano firme y poderosa, un Dios que me mimó, un Dios que me amó, un Dios que derramó de Sus dones sobre mi vida y un Dios que finalmente me probó y disciplinó. ¿Por qué digo esto? Aquel año fue maravilloso, también gracias a la hospitalidad de una familia que nos admitió a Sara y a mí en su hogar cada fin de semana, dándonos así la posibilidad de asistir a los cultos en aquella iglesia ungida y bendecida, y crecer en el evangelio como nunca antes lo había hecho. Pero algo en mi interior comenzó a crecer convirtiéndose en un peligro, y Dios tuvo que intervenir para que yo no terminara destruyendo mi propia vida.

UN ENEMIGO MUY SUTIL

Ahora estaba en Cristo, por fin libre y por fin con una vida en santidad como había deseado por tantos años. ¿Cómo imaginar que el peligro ahora estaba dentro y no fuera? Explicaré cómo comenzó a transcurrir mi nuevo caminar en Cristo para que entiendas a qué me refiero.

El Señor me llenó de dones y estos dones comenzaron a fluir. Comprendía y ejercía la autoridad que Dios me había dado en el mundo espiritual. A causa de las tradiciones, esto no siempre fue entendido por las personas que me rodeaban, con lo que suponía un inconveniente en mi relación con algunos hermanos. Mi vida con Cristo impactaba, Dios estaba conmigo y esto sutilmente comenzó a destruirme. ¿A causa de Dios? No, a causa de mí y de mi orgullo.

Comenzó a levantarse en mí un sutil enemigo, un enemigo casi invisible, pero dañino y mortal: el orgullo espiritual; y este orgullo comenzó a apoderarse de mi vida lentamente y sin darme cuenta. Yo sabía que Dios estaba conmigo y se revelaba con poder, y las personas reconocían a Dios en mí, pero yo en lugar de honrarlo a Él, comencé a quedarme la gloria para mí.

En una ocasión, una hermana me llamó y me dijo: «Ana, tengo un problema con la niña a la que cuido, sé lo que le pasa pero no sé de dónde viene y quiero que Dios me lo revele, así que le he dicho que te diga el problema y la solución». De acuerdo, le contesté. Acto seguido nos pusimos a orar y ella le dijo a Dios: «revela a Ana el problema para yo saber que eres tú». Entonces, yo comencé a tener una visión en la que el Espíritu Santo me reveló lo que estaba sucediendo. Me pareció horroroso, y de pronto al otro lado del teléfono escuché una voz diciendo:

—Ana, ¿Dios te ha mostrado algo?
—Sí, —contesté yo— sé cuál es el problema.
—¿Cuál?

—El problema es que la niña que cuidas se masturba.

No sé si quedaría petrificada o no, pero lo que sí sé es que en ese instante ella tenía la prueba de que Dios estaba conmigo. Me pidió que orara pidiendo revelación para saber de dónde provenía eso. Seguidamente nos pusimos a orar por el teléfono y nuevamente vi algo en mi mente, se trataba de una careta de madera, de esas africanas colgada en una pared. Entonces le dije a la chica: «mira, veo una careta africana», y le expliqué todo lo que vi. Para mi sorpresa y la de ella, me dijo que esa careta que yo veía estaba colgada en el salón de la casa de la niña, desde donde ella me estaba llamando. ¿No era increíble? Más tarde, investigando, descubrimos que ese «dios» o mejor dicho «demonio» que se escondía tras esa careta, era un demonio al que se le ofrecían niños en África, probablemente para prácticas sexuales. Y allí colgado en la pared de aquel hogar, tenía derecho legal de tocar a los hijos.

En otra ocasión, recuerdo estar en un culto en medio de una poderosa alabanza y comenzar a tener una revelación impactante de una chica que conocía. La veía en peligro de muerte a causa de un aborto. Oré y clamé por misericordia sin saber muy bien lo que estaba sucediendo. Recuerdo detalles como el color de la furgoneta, las cortinas, una carretera, sangre y otra persona a su lado. Esta fue de las revelaciones más impactantes que tuve, porque junto con esa visión, vi la muerte contra la que yo oraba queriéndose apoderar de aquella chica. Solo pedía misericordia a Dios y en mi impacto, corrí a contárselo todo en mitad del culto a la chica que me llevó a Cristo, aquella amiga que continuaba a mi lado, Julia. Se lo conté todo, incluidos los detalles, y ella quedó tan impactada que me decía que fuera al baño o hiciera algo, pero que continuara orando. La verdad es que no sabíamos muy bien cómo hacer las cosas y todo eso me quedaba grande, pero Dios es fiel y misericordioso.

Estas revelaciones no siempre tenían la prueba de que venían de Dios en el acto, con lo que comencé a ser engañada por el enemigo en cuanto a ellas, creyendo que no eran sino mi propia mente e imaginación. La noche anterior a lo que seguidamente voy a contar, pedí al Señor que hablara a mi corazón porque estaba siendo confundida y todo aquello me estaba causando ansiedad.

Daba comienzo el culto, todos alababan y se acomodaban, cuando Julia se acercó a mí y me dijo:

—Ana, tengo que hablar contigo.

—¿Qué sucede?

—Ana, la chica que viste en visión… ¿recuerdas?

—Sí —contesté yo.

—Pues resulta que abortó intencionadamente en la fecha que tú tuviste la visión, —habían pasado tres meses— y de vuelta a casa, en una furgoneta con las mismas cortinas que tú describías y una persona a su lado, tal y como tú lo viste, tuvo una hemorragia que casi le cuesta la vida.

Me quedé fría, helada, no sabía si llorar o reír. Una vez más Dios me había usado, esta vez para interceder a favor de una vida en peligro de muerte. No estaba loca, era usada por Dios.

Estos son solo dos de los muchos testimonios que podría contar. Es extraordinario que Dios pueda usar así a un ser humano, pero es extremadamente peligroso que ese ser humano olvide que fue Dios el que hizo todo y, por tanto, también es Él quien merece la gloria y la honra.

Dios no comparte Su gloria con nadie, pero yo no tuve esto presente y sucedió que estos impactos en mi vida comenzaron a alimentar mi orgullo. Satanás supo brindarme su mano para subirme al pedestal de la vanagloria. Allí estaba yo, la persona que hablaba con Dios, la persona que tenía revelación, la persona escogida. Todo esto no lo declaraba con mi boca, pero en mi corazón ya estaba ocupando su lugar.

Una cosa son los demonios, las ataduras y opresiones; y otra muy diferente son las heridas. El día de mi liberación fui libre de ataduras y opresión, pero no de las heridas de mi alma, estas no desaparecieron, porque no podían ser echadas, tenían que ser sanadas. La falta de aceptación e indignidad que por años había sufrido eran el blanco fácil para el enemigo. Pasé la vida queriendo ser aceptada y valorada así que al llegar a Cristo, esto no había cambiado. El Señor iba a hacerme entender que yo ya era aceptada y de un valor insuperable en Cristo. Pero mientras esto sucedía, yo intentaba ganarme este valor, y la manera que utilizaba era queriendo tener la aprobación de otros en el cuerpo de Cristo. Esto a su vez era usado por Satanás para enorgullecerme y traer vanagloria a mi corazón.

Como ves un plan elaborado sutilmente a través de un arma poderosa que él usa contra nosotros: el orgullo. Sin darme cuenta estaba tan llena de orgullo que, de haber seguido creciendo, me hubiera destruido y hubiera destruido todo a mi alrededor. Dios tuvo que intervenir de urgencia y usó la mejor de las maneras, Él permitió que Satanás volviera a tocarme a través de mi debilidad.

Los chicos siempre habían sido mi debilidad y desde niña siempre había escuchado lo bonita que era, así que sabía que la belleza era un arma a mi favor. De ellos solamente necesitaba su aprobación y valoración, y gracias a la opinión que la sociedad daba de mi aspecto físico, me era fácil conseguirlo.

Sinceramente nunca necesité del sexo porque sabía perfectamente que esto no llenaba mi vacío, yo necesitaba sentirme amada y aceptada, solo eso. Y al llegar a Cristo, esto tampoco había cambiado. Quería casarme y tenía una promesa de Dios. Guardaba celosamente Su promesa, Él me había prometido recibir cien veces más de lo que yo había dejado, así que comencé a pedir un novio. Amamos a Dios, pero ¿le amamos con la misma intensidad cuando Él no contesta a nuestros deseos de la manera en que queremos? Había tenido varias revelaciones con respecto al chico que iba a ser mi esposo, revelaciones que están cumplidas al día de hoy, pero que en su momento yo interpreté como quise sin consultar con el Espíritu Santo, pues yo ya creía saberlo todo y entenderlo todo.

Había propagado estas revelaciones a varias personas, las cuales no dudaban de su veracidad, dado el don que Dios me dio y la manera en la que el Señor se revelaba en mi vida. Pero pasaban los meses y el Señor no contestaba mi oración. Esto empezaba a incomodarme, así que comencé a pedir con mayor insistencia, pero tampoco terminaba de ver cumplida la visión. Así que ayuné, pero tampoco funcionó. Comencé a irritarme y a dejar florecer todo lo que había en mi corazón. Yo no conocía mi propio corazón, Dios tuvo que mostrarme lo que había en él para que pudiera rendirlo y ser restaurada completamente.

Era orgullosa, caprichosa, malcriada y me enrabietaba cada vez que las cosas no se hacían o no salían como yo decía. Por años había estado acostumbrada a hacer todo lo que quería, es más, solo tenía que pedir para que se me concediera, así que comencé a exigir lo mismo de Dios. Si Él no me concedía lo que yo quería comenzaba a cuestionar Su amor por mí y Su capacidad de gobernar mi vida. ¿Sería que no se había enterado de lo que necesitaba? ¿O sería que no me amaba lo suficiente?

Proyectaba en Dios lo que había vivido con mis padres. Nunca aplicaron en mi vida la vara de la corrección, nunca hubo una disciplina para enderezarme.

¿Cómo iba a entender todo esto si nunca lo había vivido? A todo esto se sumaba que mi orgullo estaba siendo tocado. Por todo un año creí firmemente que Dios me había dicho que me iba a casar con un chico que creía estaba enamorado de mí, y del que yo creía estar enamorada, y todo para descubrir en un solo instante que el Señor me decía que esta no era la persona que Él tenía preparada para mí. ¿Puedes imaginarte lo que sucedió ahí? Lloré de impotencia mientras el Espíritu del Señor ministraba a mi corazón y me decía que esto era necesario que sucediera.

Esta fue la puerta abierta a una gran conquista, la conquista de mi tierra prometida. Ahora estaba en Cristo, en Él tenía promesas de paz, gozo, multiplicación, sobreabundancia… La tierra prometida ya era mía, pero tenía que derribar y echar fuera los gigantes que moraban en ella, tenía que conquistarla. Aquel poderoso gigante quería reinar conmigo y el Señor usó este suceso, y muchos otros que vinieron a lo largo de los años, para derribarlo y echarlo fuera de ella.

Si te cuento sinceramente, no me importaba tanto aquel chico en comparación con la humillación que tendría que pasar cuando tuviera que decir a las personas de mi alrededor que mis revelaciones fallaban. Realmente nunca fallaron, todas y cada una de ellas fueron verdaderas en Cristo como contaré más tarde, pero en ese entonces yo no lo sabía, y solo veía delante de mí la gran puerta de la humillación. Mi orgullo estaba siendo triturado.

No quería pasar ese trago amargo, así que en mi enfado decidí huir, quería salir de mi hogar, de mi pueblo, de mi familia. Y en esta rabieta, tomé una decisión drástica: ¡Me marcho a Tenerife! (Islas Canarias).

¿Qué había detrás de esa decisión? Rebeldía. Lo que realmente estaba haciendo era intentar llamar la atención de Dios con el mismo comportamiento que aprendí a tener en la vida cuando no conseguía lo que quería. En definitiva, lo que le estaba diciendo indirectamente a Dios era *"ya que tú no me das lo que te pido, yo misma iré a buscarlo."* Y me marché rumbo a ninguna parte, porque dentro de mi enfado lo único que quería era llamar Su atención y huir de la humillación.

Como una niña enfadada y caprichosa, tomaba actitudes de protesta frente a Dios, a la vez que le pedía, por favor, que el avión no se estrellase en el viaje a Tenerife. ¡Qué situación tan absurda! El Señor tenía que enseñarme la disciplina que por años faltó en mi vida, tenía que enseñarme la manera correcta en la que un hijo se comporta ante su padre y la actitud correcta ante una negativa. Todavía no sabía que a Dios no se le manipula ni se le trata como a un esclavo, Dios es soberano y no era yo la que daba las órdenes sino Él. Pero en mi rebeldía agarré mis maletas y me marché.

¿Por qué permitió Dios todo aquello? Primero, por amor y misericordia; y segundo, porque Él tenía un plan mucho más perfecto para mi vida que todos mis pensamientos juntos. Lo primero que me enseñó fue que a Él no se le manipulaba como estaba acostumbrada a hacer para obtener mi objetivo. Él era Dios y, porque me amaba, no iba a consentirlo. Lo segundo que me enseñó fue que en mis fuerzas no era nadie y sin Su poder en mi vida volvería a una muerte segura. Y lo tercero fue que a Dios no se le ordena, se le obedece.

¿No es sorprendente que después de haber sido liberada y vivir un año entero en comunión con Dios vuelva a alejarme? Pues sí, es sorprendente. Pero somos seres humanos, humanos que tienen voluntad y que en ocasiones queremos ser superiores a Dios.

Siempre me ha impactado la vida de José narrada en Génesis 37-50. Siendo todavía un jovencito, recibe revelaciones de Dios, revelaciones que irritan a sus hermanos porque en ellas Dios le dice que ellos se iban a humillar ante él. Y él, en su orgullo, viene a contar sus revelaciones en lugar de callar. Dios tenía algo grande para José, algo muy muy grande, pero ¿dónde crees que hubiera terminado si Dios no hubiera permitido que fuera vendido, acusado de violación, encarcelado y olvidado en prisión? Yo te puedo decir dónde hubiera terminado. José hubiera sido comido por su propio orgullo, hubiera terminado destruyendo su ministerio, su familia y su propia vida, por eso Dios tuvo que tratar su vida para que cuando llegara junto al Faraón, tuviera un corazón tratado y conforme al corazón de Dios. José venció el odio, el rencor, la tentación sexual, venció el sentimiento de rechazo que le pudo producir que sus hermanos le vendieran, José venció muchas cosas y Dios le puso en alto.

¿No obrará así con todos nosotros? Por supuesto que sí. Siempre y cuando estemos dispuestos a pagar el precio.

Una vez escuché que cuanto más alto vayas a subir más abajo tienes que crecer, es decir, que tus raíces han de ser profundas para soportar el peso de tu vida cuando comience a crecer para arriba y llegue a su máximo esplendor.

Puedes estar ahí parado leyendo este libro, mientras piensas que eres alguien insignificante al que nadie ve. Puedes estar desempeñando una labor dentro de tu iglesia en la que te sientes ignorado, incomprendido, incómodo… No te preocupes, estás creciendo y echando raíces fuertes hacia abajo, pues estas raíces tendrán que soportar el peso de tu ministerio cuando Dios te ponga en el lugar que Él tiene pensado para ti y seas un gran árbol fructífero.

CAPÍTULO 11

AMOR QUE NOS GANA

Junio de 1999, poco podía prever que aquel viaje iba a representar otro giro radical en mi vida. Llena de rebeldía pero con una máscara de falsa espiritualidad, agarré la maleta y me marché rumbo a Tenerife, aquella preciosa isla que años atrás me había cautivado, en busca de amor, trabajo y diversión. Pero no fui sola en esta aventura, arrastré conmigo a Sara, la amiga que Dios me regaló, la chica que entregó su vida a Cristo poco después de mi liberación. Estábamos llenas de proyectos, esperábamos trabajar juntas, encontrar el amor de nuestras vidas y ganar mucho dinero. Todo estaba bien planeado, pero las cosas no salieron como pensamos.

El primer día que pisamos la isla, parecía comenzar mi caída por el resbaladero. Esa misma noche salimos de casa con el pensamiento de no pecar contra Dios, pero como dice Su Palabra, si andas por las brasas te quemas, y eso fue lo que sucedió.

La gran muralla que me guardó durante todo un año en el cual mi vida estaba con un orden que nunca antes había tenido, estaba ahora agrietada. La grieta de la rebeldía era el blanco fácil para el enemigo. Por supuesto que yo no me rebelé abiertamente contra Dios cuando sucedió todo aquello, pero en mi corazón había una bomba de relojería llamada orgullo que pronto haría explosión y agrietaría mi muralla de protección.

Las luces llamativas, la música sonando, las personas bronceadas... todo era perfecto y aquel ambiente pronto nos cautivó. Libres, lejos de nuestro hogar y de las normas, con cientos de proyectos a realizar y con nuestra juventud y belleza como mejor arma, creíamos comernos el mundo. «No vamos a hacer nada que desagrade a Dios, no vamos a pecar...», entre risas y bromas, estas eran nuestras palabras. Palabras que lleva el viento tan rápido como se hablan.

"SI ANDAS POR LAS BRASAS TE QUEMAS, Y ESO FUE LO QUE SUCEDIÓ".

¿Qué íbamos a encontrar en la noche? ¿Qué había en aquellos lugares? Nada que pudiera agradar a Dios y, por supuesto, nada que pudiera glorificarle. Jugábamos con fuego y corríamos el peligro de quemarnos. Personalmente, quiero decir que era consciente de que aquello no estaba bien, pero intentaba acallar mi conciencia y seguir desafiando a Dios.

Estaba enfadada, las cosas no habían salido como pensé y esto hizo que comenzara a dar rienda suelta a los deseos de mi carne en forma de venganza. Esta era la única manera en la que sabía actuar. Intentaba manipular a Dios como había aprendido a manipular a todo el mundo para conseguir mi objetivo. Así que empecé a servir a dos señores a la vez: a Dios, por un lado, y a los deseos de la carne, por otro; con lo que pronto terminé desobedeciendo a Dios y envuelta de nuevo en los mismos pecados que tiempo atrás había dejado. En esa época, no había descubierto aún que era imposible servir a Dios y a las tinieblas al mismo tiempo.

Examinando la historia, no fue aquí donde comenzó mi caída. Mi caída comenzó mucho tiempo atrás. Comenzó al no tener la suficiente humildad para aceptar que mis planes no eran los Suyos. Dios no obró como quise y eso me enfadó, mi orgullo pudo más que yo.

> «... ¿Y qué comunión (tiene) la luz con las tinieblas?...
> Por lo cual, Salid de en medio de ellos, y apartaos, dice el
> Señor, Y no toquéis lo inmundo.»
>
> 2 CORINTIOS 6:14-18

¿Qué comunión tenía yo con todas aquellas tinieblas? ¿Iba a encontrar en la noche algo que glorificara a Dios? No solo no me aparté de ellos, sino que terminé viviendo entre ellos y como ellos, y esta decisión de coquetear con el pecado, ponía en juego la libertad que Cristo me había devuelto.

Después de aquella noche vinieron los arrepentimientos, pero dos noches más tarde volvimos a salir, y aunque también volvieron los arrepentimientos, esta vez eran más llevaderos. Y así poco a poco, hasta que en cosa de quince días terminamos celebrando las noches en la isla sin ningún tipo de arrepentimiento.

Aunque fielmente asistía a cada reunión que se celebraba en la iglesia, mi vida espiritual ya había comenzado a caer estrepitosamente. Habíamos rechazado todos los trabajos que nos habían ofrecido, realmente lo que hicimos fue tomarnos unas vacaciones por todo lo alto. Pero una llamada de la madre de Sara cambió el rumbo de todo aquello. Ella volvía a casa y yo me quedaba sola en la isla. Tenía que decidirme, ¿volvía a casa o me quedaba y continuaba mi aventura? Llamé a mi madre para que viniera de vacaciones por un mes con mi hermana y mi hijo, así estaría con ellos ese mes y determinaría qué hacer con mi vida, y si las cosas no iban como esperaba volvería a casa. Mi madre aceptó venir, así que alquilé un pequeño apartamento en el que nos alojaríamos todos mientras yo encarrilaba mi vida de alguna manera. La mañana que llevé a Sara al aeropuerto, después de una noche de fiesta, el dueño de un local en el que habíamos estado esa noche me llamó al móvil y, al poco tiempo, me ofreció trabajo.

Así comencé a trabajar esporádicamente de camarera de barra en uno de los peores antros del sur de la isla, un pub repleto de personas llenas de carencias y heridas que intentaban llenar sus vacíos con las drogas, la prostitución y la violencia. Las mafias rumanas, las peleas, el tráfico de drogas… y en medio de todo aquello estaba yo, la nueva camarera de barra.

Aquí da comienzo mi nueva historia, una historia que terminó con el sello de Dios.

AMOR QUE NOS GANA

Mi primera noche en aquel lugar fue una de las noches más locas y divertidas de mi vida, me sentía la reina del lugar. Siempre tenía que luchar con aquel molesto pensamiento que mi conciencia echaba sobre mí, pero rápidamente la acallaba e intentaba vivir como si nunca hubiera conocido de Dios.

"INTENTABA MANIPULAR A DIOS COMO HABÍA APRENDIDO A MANIPULAR A TODO EL MUNDO PARA CONSEGUIR MI OBJETIVO".

Mi jefe, al que llamaré Carlos, fue la primera víctima de la presencia de Dios. La vida de Carlos estaba destrozada, atrapado en la cocaína y llevando los negocios de un hermano que había caído preso en la cárcel, condenado no solo a prisión sino también a la muerte, debido a la enfermedad de SIDA que contrajo. Cuando Carlos me conoció, pensó que yo era un ángel que Dios había enviado a rescatarlo. Me impactó tanto que él viera algo diferente en mí, que recuerdo que nos fuimos a dar un paseo lejos de aquel bullicio y le hablé del Jesús Libertador que un día había conocido. Él se quebrantó profundamente, podía ver cómo sus ojos se llenaban de lágrimas mientras el Espíritu Santo traía palabras de vida a su corazón. Sé que algo sucedió en aquel lugar y que Dios le dio una oportunidad a Carlos, quien terminó aceptando a Jesús y entregando su vida a Cristo. Al poco tiempo de este suceso, se marchó para su tierra y me dejó al frente del local.

Sucedió que mientras disfrutaba de una tarde con mi familia en un conocido parque temático de la isla, recibí una llamada telefónica de Carlos. Estaba eufórico, agitado... le pregunté qué le sucedía a lo que me contestó, con gran gozo, que yo tenía que hablar a su madre de Jesús. «Ana, tienes que hablar a mi madre de Jesús, cuéntale todo lo que me has contado, quiero que ella conozca a Jesús».

No había mayor sorprendida que yo en toda aquella historia, este chico sentía que yo era diferente, decía no haber conocido nunca a nadie como yo. Reconocía la presencia de Dios en mí. ¿Cómo podía ser? Sin perder tiempo salí de la ruidosa actuación que estaba a punto de comenzar y comencé a hablar con tanto denuedo la palabra de Dios, que solo queda explicar que el Espíritu Santo estaba obrando una vez más a través de mi vida y hablando a través de mi boca. Esta mujer lloró amargamente durante tanto tiempo, que Carlos se puso al teléfono asustado preguntándome qué le estaba diciendo y por qué su madre estaba en ese estado. Le expliqué que no le pasaba nada, simplemente el Espíritu Santo había tocado la vida de su madre y había sido quebrantada delante de la presencia de Dios. Para la gloria de Dios, ella también terminó aceptando a Jesús, y para mayor gloria, me dijo que había una iglesia evangélica a la que podría asistir al lado de su casa. Me llené de gozo y corrí a contar a mi familia el suceso, estaba tan contenta de que Dios trajera libertad a estas vidas... pero al pensar qué sucedería de nuevo aquella noche en aquel lugar, prefería volver a echar la cortina de humo y disfrazar la realidad.

UN INSTANTE CAMBIA UN FUTURO

El tiempo transcurría y en las idas y venidas de mi jefe a la isla, me informaron que una nueva camarera vendría a trabajar al local. Hasta ese entonces yo era la reina de aquel lugar, así que estaba ansiosa por conocerla, ¿supondría una amenaza?, ¿vendría a robarme terreno?

Otra calurosa noche isleña, la música, las copas, todo llevaba el ritmo de una noche más cuando de pronto allí estaba ella. Las puertas traseras del local se abrieron y, entre risas y bromas, apareció una imponente rubia alemana de casi dos metros de altura con una vestimenta que parecía haber encogido al lavar, y acompañándola como si de su guardaespaldas se tratara, el jefe de la mafia rumana.

Mi terreno estaba siendo amenazado, pensé que sería la última persona a la que yo hablaría de Cristo. Pedí explicaciones a mi jefe acerca del motivo por el que quería contratar a aquella mujer, pues me estaba sintiendo amenazada. Me creía la reina del lugar y de pronto aparecía otra reina, no me sentía cómoda con ella allí, creí que no había espacio para las dos. Pero Carlos me calmó y terminé tragando su presencia y compartiendo barra con ella.

Pronto descubrí que Ute, este es su verdadero nombre, era una mujer extraordinaria y nada tenía que ver con su aspecto exterior. Comenzamos a congeniar, éramos totalmente diferentes, pero había algo que nos mantenía unidas. Hoy día, ella cuenta que fue la presencia de Dios en mí lo que la cautivó. Ella no podía entender por qué yo no me comportaba como el resto de las personas de aquel lugar.

¿Te digo algo? Dentro de todo, yo tenía principios de Dios, y eso movía los esquemas de las personas de mi alrededor. No tenemos que olvidar que yo venía de un mundo totalmente diferente. Dios había hecho una obra tremenda y, aunque ahora estaba en rebeldía, quedaba mucho de Él en mí.

Otra de las cosas que de alguna manera les impresionaba de mí era que yo no fumaba, no consumía cocaína, no tenía necesidad de andar cada noche con un chico, mi lenguaje no era como el que se acostumbraba a escuchar, y sinceramente, todo esto en un lugar como aquel marcaba la diferencia.

Ute siempre cuenta que ella me veía como alguien diferente, yo tenía algo que ella quería tener y no podía. Las copas que yo me pudiera tomar una noche, entre tanto vicio pasaban desapercibidas. Aunque para mí ya era suficiente pecado el solo hecho de estar allí, para todos ellos mi vida era lo más santo que podían imaginar. Vivíamos de fiesta en fiesta, pero no había persona que no me dijera que veía algo en mí que en otros no veían.

Una noche, recuerdo que sentí fuertemente la presencia de Dios empujándome a compartir de mi fe en Jesucristo a mi compañera Ute. Durante aquellas noches, ella iba conociendo mi caminar lo suficiente como para descubrir día a día, que había algo diferente que le atraía sin explicación. Esto fue preparando su corazón para el día que Dios preparó para su salvación.

Eran las tantas de la madrugada y la música sonaba, mientras el hijo de Ute, que en aquel entonces tenía dieciséis años, nos acompañaba sentado frente a la barra. ¡Qué vidas tan destrozadas! Satanás había zarandeado a esta madre, llevándola a la prostitución, a las drogas, al adulterio… a tantas cosas horrorosas, que era fácil comprender por qué había levantado murallas de protección que le hacían aparentar ser alguien que no era. Ella era frágil, con un corazón como pocos en este mundo he conocido, su generosidad, su hospitalidad y su ingenuidad la caracterizaban.

Aquella noche, todo fue preparado por Dios. Era el tiempo de Dios para aquella vida. No me hicieron falta grandes sermones para llevarla a los pies de Cristo. Sentía la presencia de Dios tan fuerte que sabía que había llegado el día de salvación.

No recuerdo cómo entramos en el cuarto trasero del local, pero sí recuerdo las lágrimas de Ute corriendo por sus mejillas, los sollozos y el quebranto de su corazón. Allí, en medio de uno de los pub de peor reputación de la isla, a las tantas de la madrugada y con la música a todo volumen, mi amiga estaba entregando su vida a Jesucristo y estaba siendo rescatada del infierno. «No voy a poder, no voy a poder…», repetía como una niña asustada, cansada de luchar en sus fuerzas y nunca avanzar. «No voy a poder llevar una vida que agrade a Jesús». «No tienes que poder, pues Cristo podrá en ti», le dije. Estas palabras tocaron en lo profundo de su ser, tomó mis manos y entregó su vida a Cristo.

La conversión de Ute ha sido una de las más genuinas que he conocido, ella lo rindió todo allí. La invité al culto y no solo aceptó venir, sino que alabó al Señor con sus manos en alto y una adoración en el corazón, que nacían de un agradecimiento y un arrepentimiento genuinos. Solo mirarla me llenaba de un profundo gozo, Dios había sido extremadamente maravilloso.

Cuando una vida se rinde a Cristo de la manera que Ute lo hizo, le da la posibilidad a Dios de desplegar Su poder a favor de ella.

Al poco tiempo de esto, el hijo de Ute y su madre cayeron también rendidos a los pies de Cristo y, justo antes de morir, todo por la misericordia de Dios, su padre aceptó a Jesús. Al día de hoy su hermana también está sirviendo al Señor. ¿No es Dios maravilloso? Un instante, un instante que cambió todo un futuro.

¿Cómo se puede explicar que una persona caprichosa, consentida y con la osadía de rebelarse y retroceder, pudiera llevar la presencia de Dios? Creo sinceramente que Dios veía mi corazón. Nunca nadie me había sabido disciplinar, crecí como alguien al que no se le ponen límites y corre al despeñadero. Mis padres eran y son maravillosos, Dios me dio los mejores padres que me podía dar. Pero tristemente, el alcoholismo de mi padre había desestabilizado a toda la familia y, a esas alturas, mi madre no estaba en posición de ejercer la suficiente autoridad para gobernar mi vida. Pero sé que hicieron lo mejor que supieron.

El Señor conocía que mi comportamiento era el de alguien a quien no se le habían puesto límites. Alguien sin disciplina en el corazón, alguien herido y alguien que había levantado tantas fortalezas a su alrededor que eran difíciles de penetrar. Él me amaba y tenía que enseñarme, tenía que traer disciplina y corrección a mi vida, y Su manera fue hacerlo con amor. Me amó tan profundamente que fue Su amor el que destruyó el odio, la rebeldía y el rencor en mi corazón.

Jesús fue en mi vida aquel buen samaritano que, movido a misericordia, vendó mis heridas, echó sobre mí el aceite de la unción, el vino nuevo, me sanó y me dio de comer. Su piedad me dio vida. El Señor fue bueno conmigo, pero esto no quiere decir que estuviera bien lo que hice, ni que mis actos estuvieran justificados. Como cualquier otro pagué todo lo que hice, pero para la gloria de Dios puedo decir que no entregué mi voluntad. Dios me sacó justo a tiempo, pero antes de ello, alcanzó a alguien más. Creo recordar que al día siguiente de la conversión de Ute, me mudé para su casa. Mi familia volvía a mi pueblo, Bermeo, y yo no tenía dónde quedarme, o me mudaba o me iba.

«Ana, hasta ayer mismo tenía alojada en casa a una chica que ejercía la prostitución, y ahora voy a llevar a vivir a una cristiana, ¿qué te parece?", dijo Ute. ¿Sabes lo que pienso yo de todo aquello? Que no hay vida que Dios no impacte cuando entra a reinar en ella.

"DIOS ME SACÓ JUSTO A TIEMPO, PERO ANTES DE ELLO, ALCANZÓ A ALGUIEN MÁS".

Era maravilloso ver cómo la vida de Ute comenzaba a tomar el rumbo de Dios. Ahora éramos compañeras de barra y de piso, trabajar juntas era toda una aventura, no había persona a la que ella no predicara de Cristo. Era como un huracán, no hubo persona que quedara sin conocer del amor de Jesús en toda aquella zona. Pero pronto me iba a abandonar.

EL FIN DEL VACÍO

Un día al finalizar el culto, Ute, ofendidísima por el comentario que una hermana le había hecho con respecto a trabajar en la noche, se acercó al pastor y le dijo:

—Pastor, yo trabajo en la noche, dígame, ¿es malo trabajar en la noche? El pastor con mucha sabiduría respondió:

—¿Tú quieres de verdad servir a Dios y obedecer a todo lo que el Espíritu Santo te muestre?
—¡Por supuesto que sí!
—Pues vamos a pedírselo, —y añadió— oraré por ti.

Y allí mismo hizo una oración pidiendo al Espíritu Santo que revelara a Ute Su voluntad.

Con esto, ella quedó feliz por sentirse amada tal y como era. Ya había sido rechazada en el mundo, lo único que no necesitaba era que el legalismo y la religiosidad la rechazaran también. La sabiduría de este pastor hizo que Ute se sintiera amada y valorada. Y al poco tiempo, como resultado de aquella oración, mientras trabajaba en el pub, el Espíritu Santo tocó su vida de tal manera que comenzó a ahogarse, no podía estar allí, algo la estaba ahogando y tenía que salir. Casi sin aliento, me dijo que tenía que salir inmediatamente de allí, no podía seguir trabajando. Algo superior a ella la empujaba a salir, así que me dejó en mitad de la noche sola en la barra del pub. Como el pastor pidió, el Señor reveló Su voluntad y Ute nunca más volvió.

Los meses siguientes fueron un comer y comer de la palabra. Aunque no trabajábamos juntas, vivíamos juntas, así que enseñé a Ute todo lo que pude acerca del Señor, ella siempre tenía hambre y sed de la palabra. No hace falta decir que ella no comprendía cómo yo vivía entre dos aguas, pero así era.

Dios también tuvo un plan para la vida del hijo de Ute, puesto que en realidad este vivía con su padre y esperaba pasar dos semanas con nosotras debido a unas obras en casa. Pero las obras se complicaron tanto que no veían su final, y esto hizo que él tuviera que quedarse a vivir con su madre cuatro meses, el tiempo suficiente como para afirmarse en la palabra. El Señor lo tenía todo bien planeado.

SEGUNDA SENTENCIA

En aquel pequeño apartamento de una habitación, no solo vivíamos Ute, su hijo y yo, sino que había alguien más. Pero quiero comenzar desde cero para que entendamos que también él fue alguien contado en los planes de Dios. Su nombre real es José Antonio Vargas, conocido como Tony, él era el nuevo DJ.

Como he dicho, mi jefe iba y venía de la isla, por lo que contrató a este chico para ocupar su lugar en el sonido. Fue toda una sorpresa encontrarnos allí, hacía unos cinco años atrás que nos habíamos conocido, al poco de morir mi marido. La primera noche de mis vacaciones, salí con mi hermana y lo conocí.

Durante los restantes años, coincidimos unas cuantas veces con lo que me sorprendió muchísimo verle. Parecía pisar la isla y encontrármelo. «¿Qué haces aquí?», le pregunté. «Voy a trabajar de disc-jockey». No lo podía creer, era de esas casualidades que no sabes por qué pero te agradan. Como es de imaginar, él también estaba metido en el mundo de la cocaína, pero lo que no imaginé es lo que vino detrás.

Habíamos congeniado muy bien, y en menos de una semana ya manteníamos una especie de relación, pero sin ningún tipo de compromiso. No hubo flechazo, no hubo fantasía, no hubo nada. Simplemente sentíamos una atracción por la cual nos dejamos llevar satisfaciendo nuestros egoísmos y nada más. Junto a él me sentía respaldada, me hacía sentir segura dentro del mundo en el que nos movíamos, y supongo que a él también le era cómodo tener una chica allí en la barra y compartir parte de su vida con ella, puesto que eran muchas las horas que pasábamos juntos.

Una noche, después de cerrar el local, me dijo que quería hablar conmigo para contarme un secreto. ¡Qué misterioso sonaba aquello! ¿Por qué querría contármelo a mí? Al fin y al cabo él lo guardaba celosamente y yo no era nadie, nadie excepto una más en su larga lista de chicas, o eso pensaba yo. Por mi parte tampoco es que me importara mucho su vida, puesto que tenía claro que un día me marcharía a mi pueblo y allí terminaría todo. Además, no era precisamente él, el tipo de chico que yo andaba buscando.

Yo siempre compartía con Ute, «un día me casaré con un hombre de Dios, un cristiano». ¡Qué locura! Yo en tinieblas y pretendiendo casarme con un hombre de Dios. Pero en realidad, este fue siempre el deseo más profundo de mi corazón, y así me lo concedió Dios.

En fin, una vez que finalizamos nuestro trabajo aquella noche, me contó su gran secreto: «Ana, acabo de salir de la cárcel». ¿Cómo?, ¿de la cárcel? No es que me sorprendiera, porque precisamente no andaba en el mejor de los ambientes, ya había conocido prostitutas, mafiosos, traficantes... pero algo que dijo me llamó la atención y pasamos horas y horas hablando de ello.

Esa noche me contó por qué lo habían metido preso y cómo consiguió salir de allí a los seis meses. Al finalizar su historia no le hubiera dado mayor importancia a lo que me había contado, puesto que en mi mente aquella historia encajaba muy bien en un perfil como el suyo. Una persona con actitudes violentas, enganchada a la cocaína, traficante... es decir, una vida en desorden total. ¿No era este el tipo de personas que entraban en prisión? ¡Qué equivocada estaba! Pero como he dicho, un detalle en toda aquella historia hizo tambalear todo mi ser.

Él dijo algo que verdaderamente despertó mi curiosidad. Todavía recuerdo cómo quedé tras aquella confesión. Dijo algo así como: «Ana, estando en prisión he conocido de Dios, me he arrepentido de todo lo que hice en el pasado». No lo podía creer, eso sí era realmente asombroso. ¿Cuántas posibilidades había de que alguien te hablase de Dios en un pub a las seis de la madrugada? Quedé tan asombrada que le dije que no se lo iba a creer, pero que yo también había conocido a Dios y era cristiana evangélica, y aunque estaba apartada del Señor asistía los domingos a los cultos que se celebraban allí, en el mismo pueblo en el que vivíamos. ¡El asombro fue mutuo!

Más tarde supe que Tony prometió a Dios no volver a traficar con drogas si le sacaba de allí, y Dios le sacó. Aunque Tony seguía consumiendo, cumplió su parte del trato y nunca más traficó.

Sin pensarlo, invité a aquel chico a la iglesia aquel mismo domingo y, para mi sorpresa, aceptó venir. Comenzábamos a tener algo muy especial entre nosotros, aunque siempre sin un compromiso, puesto que en mi interior pensaba que él no correspondía a la clase de príncipe azul que yo anhelaba. No era por su condición social, sino porque toda la vida había pedido a Dios casarme con «un hombre de Dios».

A pesar de andar en el camino equivocado, de mi interior nacía el deseo de casarme con alguien que amara profundamente a Dios. No me importaba si era amarillo, rojo o azul, la única condición era que tenía que amar a Dios. También sabía que esto siempre haría que las cosas en el matrimonio y en la vida fueran mejor. ¡Qué egoísta! Quería que otro hiciera lo que yo no hacía. ¡Vivir en santidad! Por lo que este chico aparentemente no parecía ser ese hombre que buscaba. A pesar de haber aceptado a Jesús como Señor y Salvador, todavía estaba muy lejos de lo que yo anhelaba.

Otro punto en contra era su machismo. Me contó que su padre era gitano, me habló de su visión de futuro, de sus sueños, y entre ellos, el de tener una mujer que le limpiara y le cocinara, ¿puedes imaginarte? Yo reía en mi interior pensando: ni de lejos esa mujer seré yo.

Con mi vida totalmente alejada de Dios y llena de carencias y necesidades por suplir, llevaba el sufrimiento a todo aquel que se me acercaba. Tony se enamoró de mí y yo no supe valorarle y hacerle feliz. ¿Cómo iba a hacer feliz a alguien cuando yo misma no era feliz?

Nuestra vida transcurría entre peleas de discoteca, celos, drogas, borracheras y todo lo que conllevaba el mundo de la noche en el que nos movíamos. Pero de nuevo la misericordia de Dios y Su infinita fidelidad se hacían presentes en nuestras vidas, y comenzaba el plan de rescate. Al poco tiempo de comenzar mi extraña relación con Tony, recuerdo haber dicho al Señor que en Su misericordia alcanzara la vida de aquel chico, que sin saber muy bien lo que había hecho, entregó su vida a Cristo en aquella prisión. Oración que fue contestada inmediatamente, ya que ese mismo viernes, en el culto, Tony salió al frente entregando su vida al Señor públicamente.

Numerosas preguntas saltaron a mi mente. ¿Era este el chico que Dios tenía para mí? ¿Sería posible que no lo hubiera reconocido? Automáticamente rechacé todo aquello y continué viviendo mi historia. Estaba haciendo daño a aquel chico que se portaba conmigo como nunca antes nadie lo había hecho, ¿por qué tenía que comportarme de manera tan egoísta? Le hacía sufrir y nada de lo que él hacía para agradarme conseguía satisfacer mi ansia de llenar aquel vacío. Lejos del Señor, mi puzzle volvía a quedar incompleto, con lo que nuevamente mis sentidos me llevaban a hacer lo que siempre había hecho, buscar una pieza sustituta.

Nuestra relación se convirtió en una relación de humillaciones, discusiones y decepciones. A todo esto, había que sumarle mi gran lucha entre lo que debía hacer y lo que realmente hacía con respecto a mi vida con Dios. Estaba haciendo sufrir a una persona maravillosa, pero yo estaba sufriendo con ello, pues me veía envuelta en algo que no podía parar, algo muy similar a lo que viví con mi primer marido.

En tan solo poco más de dos semanas, habíamos convertido aquella relación en una montaña rusa de emociones, por lo cual me armé de valor y decidí poner punto final al asunto.

Una madrugada, sentada en las escaleras del portal del edificio en el que yo vivía, después de haber humillado a aquel chico que para entonces ya me pedía algo más serio, clamé a Dios y le dije: «Dios mío, si este es el chico que tú has enviado para mí, haz que me enamore de él, voy a llamarle ahora y tú tienes que hacer que venga y me perdone». Esta fue mi oración. Esta fue la manera que tuve de entenderme con Dios, así de simple y así de concreta. Pero... ¿por qué hice esta oración? ¿Por qué pedía enamorarme de él? ¿No hubiera sido más fácil terminar mi historia y comenzar otra con alguien a quien de verdad amase? Al día de hoy no tengo respuesta lógica que dar, solo sé que el plan de Dios para nuestras vidas estaba en marcha.

Automáticamente después lo llamé, y sin dudarlo aceptó venir. No hizo falta un gran discurso porque me perdonó en el acto. ¿Estaba Dios contestando mi oración? Algo me empujaba a amar a aquel chico. Nunca antes lo había mirado con aquellos ojos, siempre me había parecido tremendamente guapo, pero ahora podía ver algo que hasta entonces no había visto, él era alguien herido, buscando la misma aceptación y amor que buscaba yo. Aquel chico había sabido amarme y perdonarme. Realmente tenía un corazón que me impactaba. Comencé a ver en él todos aquellos detalles hasta el momento desconocidos para mí. Y como si Dios me hubiera permitido tener ojos espirituales para ver el futuro, comencé a ver en este chico un gran potencial para la obra de Dios. Lo que realmente vi fue aquel «hombre de Dios» que yo siempre había pedido.

¿Cómo había conseguido mantenerse a mi lado con tantas decepciones?

¿Cómo podía amarme de aquella manera? Esto me enamoró. Aquel día le dije que quería ser su novia oficial, cosa a la que hasta el momento me resistía, y también le dije que no haría nada que le molestase. Cosa que también cumplí. Supongo que sabrás qué sucedió después, quedé totalmente enamorada de él. ¿Sucedió entonces el milagro? Puedo asegurar que sí, pues ahí comenzó nuestra gran historia de amor.

No quiero decir con esto que comenzáramos a vivir un cuento de hadas, no. Sobre todo porque llevábamos una relación sin contar con Cristo. Nuestras peleas eran diarias, aunque nuestras reconciliaciones también lo eran. Vivíamos una historia llena de amor y odio.

Una tarde, en plena reconciliación, con tan solo un mes de relación y después de haber consumido cocaína, mi novio me pidió matrimonio. Qué poco romántico sonaba todo, pero sin pensarlo, le di el «sí quiero». Me había enamorado, pero las cosas no marchaban bien, sentía una profunda necesidad de reconciliarme con Dios, aunque pensaba que quizás ya era demasiado tarde.

Cada domingo íbamos a la iglesia, muchas veces animados o, mejor dicho, empujados por Ute, la chica que yo llevé a Cristo y que más tarde terminó ella llevándome a mí a la iglesia. El trabajo hacía que a las mañanas no pudiéramos levantarnos, dormíamos todos en la misma habitación, de modo que ella nos sacaba de la cama como podía, mojándonos con paños de agua fría y obligándonos a acudir a la iglesia. No es que yo no quisiera ir, más bien para aquel entonces me había enredado tanto en el mundo, que me sentía totalmente desechada por Dios. Comprendía que Él me había dado la libertad y que yo la había menospreciado coqueteando otra vez con el pecado. Por ello, cuando iba a la iglesia no me sentía digna de Dios, pensaba que Él no podía perdonarme, así que mi sentimiento de indignidad me alejaba cada vez más y más.

Una vez escuché que el que ha conocido a Dios y se va al mundo, ni disfruta del mundo porque tiene a Dios, ni disfruta de Dios porque está en el mundo. ¡Qué verdad tan grande! ¿Pero sabes qué sucedió? Que el Señor nunca me soltó de Su mano, Él siempre estaba presente y aunque yo me alejaba, Él esperaba.

Uno de estos domingos, sentada en aquellos bancos con un sentimiento enorme de indignidad, recuerdo haberle dicho al Señor: «Dios mío, Tú ya no puedes perdonarme». Pero para mi sorpresa, Dios volvía a derramar de Su amor sobre mi vida y volvía a traer esperanza a mi corazón. En aquel mismo instante, la chica que ministraba la alabanza paró y dijo: «Puede que estés ahí pensando que Dios se ha olvidado de ti y te ha desechado, pero no es así, Él te ama y te lleva grabada en Sus manos». Estas fueron sus palabras, palabras que se clavaron en mi corazón y me hicieron romper en llanto. Solamente se oían mis lloros en aquel lugar tan lleno de la presencia de Dios.

La voz de Dios había hablado a mi corazón y seguidamente comenzó a cantar una alabanza que nunca olvidaré, dice así:

«Yo soy tu Dios que te amo, ¿cómo me voy a olvidar yo de ti? Si en mis manos te llevo grabado y mi sangre por ti he derramado ¿Cómo me voy a olvidar yo de ti? No te dejaré, ni te abandonaré, contigo estaré hasta el fin».

Hasta el fin, Él no iba a abandonarme, lloré amargamente por mis rebeldías y clamé a Dios por una nueva oportunidad. Dios conocía mi corazón, y aunque el ser humano juzga los hechos, Él me juzgó conforme al corazón y decidió continuar el cumplimiento de Su pacto en mí.

TIEMPO DE PARTIDA

Sentía una profunda tristeza, el verano estaba finalizando y yo tenía que regresar a mi pueblo para terminar el último año de estudios. Pero para mi alegría, podía pensar que allí había alguien esperando, ¡mi hijo!

¿Cómo quedaría mi relación con Tony? ¿Terminaría allí nuestra historia de amor? ¿Qué pasaría con Ute y su hijo? ¿Qué pasaría con todas aquellas personas que quedaron en el camino? Dios hizo una obra maravillosa, entré en un lugar donde reinaba Satanás y la luz de Cristo hizo retroceder las tinieblas.

Mi jefe vendió el pub y se fue a vivir a su pueblo con su madre, nunca más supe de ellos, pero tengo la esperanza de verlos un día en el cielo. Dios es el que empezó la buena obra y será fiel en terminarla.

Ute, su madre y su hijo, quedaron congregándose en la iglesia del sur de la isla, donde crecieron espiritualmente. Actualmente, Ute es la secretaria del pastor, además de formar parte del liderazgo y del consejo de la iglesia.

En aquellas noches, conocí a una chica llamada María Angélica, la cual cantaba en el local de al lado del pub, y eran muchas las noches que coincidíamos. En una ocasión en la que le hablé de Cristo y la invité a la iglesia, me contó que era hija de un pastor y, al igual que yo, estaba apartada. Siempre pensé en esta chica, incluso oré para que Dios la devolviera al camino. Dios es un Dios de sorpresas, pues Él me hizo uno de los regalos más bonitos que podía esperar. Tuve un segundo hijo, Ibai, al que decidimos presentar al Señor en aquella iglesia que había vivido todos nuestros comienzos. Mi sorpresa fue cuando el pastor, sin saber nada, me dijo que habían preparado un especial, cosa que era habitual en la iglesia. Hasta ahí todo hubiera sido normal, si no fuera porque subiendo aquella plataforma para cantar el especial apareció ella, María Angélica, la chica apartada que ahora servía a Dios en el coro de aquella misma iglesia. ¡Dios es bueno! ¡Dios es maravilloso!

Otro gran regalo fue mi amiga Arantxa. Ella trabajaba de gogó en un bar al otro lado del mío, en el mismo verano de 1999. Un día, justo un poco antes de mudarme definitivamente a Tenerife, la encontré junto a su hijo en la piscina de los apartamentos en los que vivo, es decir, que casualmente, aunque ya sabemos que para Dios no hay casualidades, es mi vecina. También había un plan de rescate para ella, Dios la tocó, la limpió y transformó su vida tan radicalmente como la vida de Ute.

Las bondades de nuestro Dios nunca se agotarán.

¿Qué te parece? ¿No es una aventura vivir en Cristo? Ute, su hijo, su madre, María Angélica, Arantxa, Tony y yo. Todos en el mundo y ahora todos en Cristo. Tenerife fue el lugar donde aprendí y grabé a fuego en mi corazón esta gran verdad:

«Si fuéremos infieles, él permanece fiel; El no puede negarse a sí mismo.»

2 TIMOTEO 2:13

CAPÍTULO 12

DEMASIADO ROTA PARA ENCAJAR

De vuelta en Bermeo, decidida a hacer las paces con Dios y totalmente ilusionada con mi nuevo amor. Nuestra separación duró poco, puesto que Tony cumplió su promesa y en cosa de un mes se presentó dispuesto a casarse conmigo. Se acercaba el cumplimiento del sueño de toda una vida, se acercaba el gran día, el día de mi boda.

Esta vez sí se llevaría a cabo la boda que siempre había soñado. Vestida de blanco como una princesa y con un apuesto príncipe a mi lado. ¡Por fin había encontrado la pieza que faltaba en el puzzle de mi vida! Tristemente, todavía no había entendido que mi vida y mi puzzle ya fueron completados cuando Jesucristo entró en ella. Lo único que tenía que hacer era abrir mi corazón y dejar que el Espíritu Santo entrara y sanara las heridas del pasado.

Había aceptado a Jesús como Señor y Salvador, pero mi vida no había sido sanada por completo, estaba en proceso. Las heridas de soledad, rechazo e indignidad continuaban hablando a mi corazón y trayendo engaños a mi mente, haciéndome creer que la boda con mi nuevo príncipe azul resolvería todos los problemas que creía tener y que con él llenaría mis vacíos.

Aunque había conocido mucho de Dios, todavía no entendía que solamente Él podía llenar aquel vacío en mi corazón. Y solamente así terminarían mis angustias, inseguridades y temores. Ningún ser humano está capacitado para suplir el vacío interior originado en el huerto del Edén y que, por tanto, heredamos de la desobediencia de nuestros primeros padres. Este vacío está ahí precisamente para ser suplido única y exclusivamente por Dios.

Pensé primero que el alcohol y las fiestas podrían suplirlo, después pensé que mi novio o marido era quien podía suplirlo, después pensé que era el trabajo, y así hubiera perdido toda una vida si no hubiera entendido que solo Dios podía suplirlo. Pero... ¿no estaba yendo demasiado deprisa? Solamente llevábamos tres meses de relación y ya iba a casarme con alguien con el que lo único que teníamos en común era Dios. ¿Cómo podía ser que mi madre, mi hijo y todas las personas que amaba aceptaran aquella locura? ¿Realmente estaba Dios permitiendo todo aquello?

El mes antes de mi boda me convertí en Gedeón, pedí al Señor tantas señales que alguien hubiera creído que estaba esperando una excusa para cancelar la boda, pero no era así. Necesitaba la seguridad de que Dios estaba de mi lado en todo aquello y la seguridad de que aquel chico era el hombre de Dios que por años había pedido.

La primera cosa que pedí, aún estando en Tenerife, después de aquel día en el que determiné ser su novia oficial, fue que mi madre no debía poner el grito en el cielo al enterarse de mi noviazgo con él. Esto hubiera sido lo más lógico al enterarse de que mi novio acababa de salir de prisión y todavía le quedaba una condena por cumplir. «Señor, voy a llamar a mi madre por teléfono, si realmente este es el chico, ella debe aceptar y no pedir ninguna explicación», esa fue mi oración.

"TRISTEMENTE, TODAVÍA NO HABÍA ENTENDIDO QUE MI VIDA Y MI PUZZLE YA FUERON COMPLETADOS CUANDO JESUCRISTO ENTRÓ EN ELLA".

Caminé hacia aquella cabina pensando que realmente estaba pidiendo un milagro, pues ella tenía todo el derecho de pensar que me estaba equivocando y poner el grito más arriba que el cielo al enterarse de que, nuevamente, estaba enamorada de alguien con un «pequeño problema», por decirlo de alguna manera. Primero el SIDA y ahora la cárcel. ¿No estaba pidiendo un milagro?

No recuerdo las palabras exactas, pero recuerdo mi asombro cuando al otro lado del teléfono, y después de haber contado toda la verdad a mi madre sin suavizar ni siquiera un ápice de la historia, ella dijo: «Ana, ¿es cristiano ese chico?», a lo que yo contesté que sí. Entonces añadió: «pues adelante, es todo lo que tenía que saber y es todo lo que me importa».

Aunque ahora río a carcajadas cuando pienso que seguro Dios enturbió incluso su entendimiento, aquel día colgué el teléfono no sabiendo si llorar, reír, o pegar saltos de alegría.

Nos cuesta entender que Él verdaderamente está vivo y a nuestro lado para escuchar lo que pedimos y contestar. Pues si lo hubiera entendido así, no hubiera pedido todas las confirmaciones que pedí detrás de esta.

"AUNQUE HABÍA CONOCIDO MUCHO DE DIOS, TODAVÍA NO ENTENDÍA QUE SOLAMENTE ÉL PODÍA LLENAR AQUEL VACÍO EN MI CORAZÓN".

La fecha en la que se celebró la ceremonia también fue un milagro, puesto que el tiempo que solía transcurrir entre la petición en el juzgado de los papeles para tramitar la boda y la obtención de los mismos, solía ser de aproximadamente un mes. Yo no disponía de ese mes, mi boda estaba ya fijada y no por capricho sino por otras cuestiones, así que nuevamente necesitaba un milagro. Pedí en el juzgado que mis papeles salieran aproximadamente a las dos semanas de ser pedidos, cosa que me decían era imposible. Puse mi fecha en fe, sabía que Dios me respaldaría, para entonces todo había sido respaldado y contestado, así que esto más bien fue un acto de fe y, como imaginarás, mis papeles milagrosamente aparecieron en el juzgado en la fecha que pedí.

Aunque mi mayor confirmación y la única que mi corazón realmente necesitaba había venido unas semanas antes, cuando mi hijo Ortzi vio por primera vez al que sería su nuevo padre en una cinta de vídeo que yo traía de Tenerife, y al verlo dijo: «Yo quiero que ese sea mi padre». Esa sí fue mi señal, ya no hacía falta nada más. Mi hijo aceptaba a Tony y de su corazón nació amar a aquel chico como padre aun antes de conocerlo, ¿no estaba Dios en todo aquello?

Llegó el gran día, 11 de diciembre de 1999, fecha en la que decidimos darnos el «sí quiero» en la pequeña iglesia evangélica de mi pueblo. Nadie podrá olvidar las lluvias torrenciales que hubo un día antes y un día después de mi boda, mientras que para mi día el Señor nos regaló un tiempo maravilloso.

"NOS CUESTA ENTENDER QUE ÉL VERDADERAMENTE ESTÁ VIVO Y A NUESTRO LADO PARA ESCUCHAR LO QUE PEDIMOS Y CONTESTAR".

Un día antes, hablando con el taxista que iba a llevarme a la iglesia, pude dar testimonio de lo que Dios haría con el tiempo. El hombre estaba lamentándose de la fecha que había escogido para casarme, debido a los vientos y la lluvia que había en aquellos días. Pero esto no me entristeció, más bien me dio la oportunidad de hablarle de mi Padre, el Dios que cuidaba de mí y de todos los detalles de mi vida. «Mañana no lloverá, porque mañana es el día de mi boda y Dios va a regalarme un día maravilloso, Él tiene cuidado de mí».

¿Qué pensaría aquel hombre al oírme decir eso en medio de aquella tormenta? Probablemente pensaría «pobrecita». Pero al día siguiente, al ver el sol, seguro que aquel hombre recordó mis palabras, y un día después de mi boda las volvería a recordar, cuando nuevamente las lluvias torrenciales y los vientos volvieron a aparecer. ¿No crees? Dios no deja que Sus hijos sean avergonzados.

Tengo tantos recuerdos de la preciosa presencia de Dios aquel 11 de diciembre, que sería difícil contarlos todos. Todo era perfecto, la boda transcurrió maravillosamente y todo el día estuvo guardado por el Señor. Incluso recuerdo que no hubo droga en el pueblo ese día, por tanto, las amistades que había invitado que consumían no pudieron hacerlo, Dios guardaba mi día.

Por fin volvía a vivir mi propia historia de amor, con un padre para mi hijo y un marido para mí. ¿Encontraría la felicidad por años deseada en esta área?

¿Sería él la pieza que faltaba en mi vida para sentirme completa?

Viví una luna de miel inolvidable, quince días en la República Dominicana y quince más en Tenerife, la preciosa isla que vio nacer nuestro amor. Todo era perfecto, me sentía realizada, estábamos viviendo un sueño, un bonito sueño que pronto terminaría para convertirse en pesadilla. Mis historias de amor parecían no tener nunca el final feliz que yo esperaba, pues los días iban pasando y la convivencia se hacía insoportable. No sé quién de los dos estaba más herido, lo que sí sé es que éramos como una bomba de relojería que no se sabía cuándo iba a explotar.

Dos temperamentos fuertes con dos vidas muy marcadas, dos mentes diferentes con dos maneras diferentes de afrontar y de vivir la vida. Ahora entiendo que cada uno de nosotros vivía su propia historia, muy diferente a la realidad que estábamos viviendo.

Tony, para evadirse del mundo real, pasaba horas y horas frente al televisor jugando a los vídeo juegos. Este era su caparazón, su manera de evitar lo inevitable. Evadirse del mundo real a un mundo de juego y fantasía, mientras que yo seguía en mis mundos de cuento para no tener que enfrentarme a la cruda realidad. Aquello no estaba resultando ser el cuento de hadas que había imaginado, y cuando uno cree que no puede ir peor la cosa… ¡la realidad viene a pasar factura!

Un día, recibimos una llamada del abogado para presentarnos en Gran Canaria, pues se iba a celebrar el juicio por las acusaciones de tráfico de drogas contra mi marido. ¿Qué juicio? Puedes preguntarte. Esta fue la pregunta que me quise hacer a mí misma. ¿Qué juicio? Tenía mi mente tan bien adiestrada para evitar el sufrimiento, que era capaz de olvidar o borrar de mi realidad todo aquello que no entraba dentro de mi plan. Así que este juicio vino a ser como un jarro de agua fría sobre mi vida.

Todo estaba bastante mal, pero ahora se ponía mucho peor. Mi marido sabía que iba a ser condenado a muchos años de prisión, así que empezó en su mente la lucha entre presentarse al juicio o escapar de la justicia.

Nuestras peleas se intensificaron con esta noticia, yo no estaba dispuesta a pasar la vida huyendo y mi marido no estaba dispuesto a entrar en prisión. Y te preguntarás, ¿dónde estaba Dios en todo esto? La cosa es que Dios nunca se apartó de nosotros, fuimos nosotros los que nos apartamos de Él, pero Su fidelidad continuaba a pesar de nuestra infidelidad. Él estaba preparando el horno de fuego y las puertas comenzaban a abrirse para llevarnos de Su mano hasta él, a fin de ser purificados.

No recuerdo el día exacto pero recuerdo perfectamente todo lo relacionado con aquel juicio en Gran Canaria. Habíamos alquilado un estudio en Tenerife, con lo que viajamos en barco hasta la isla de Gran Canaria para presentarnos al juicio en la fecha señalada. El viaje en barco fue una pesadilla, a mitad de viaje descubrí que Tony había vuelto a consumir cocaína. Era la única manera que él había aprendido para evadir los problemas y escapar de la realidad.

¿Por qué habría de juzgarle? No tenía ni fuerzas para hacerlo, estaba deshecha e intentando fortalecerme repitiéndome a mí misma que Dios lo iba a librar. Siempre tuve fe para creer lo increíble, pero en momentos desesperados ponía la fe donde quería y no en quien debía. Yo tenía una promesa de Dios de libertad para Tony, pero sin entender muy bien cómo Dios haría eso, enfocaba toda mi fe en creer que lo haría a mi manera y no a la Suya. Es decir, comencé a exigir a Dios un milagro para que él no entrara en prisión. Y le repetía y repetía hasta la saciedad a Tony, y me repetía a mí misma, que él no iba a entrar porque Dios me lo había prometido.

DEMASIADO ROTA PARA ENCAJAR

Llegó el gran momento frente a aquel implacable tribunal que iba a dictar sentencia. Entramos al lugar y me senté casi al final de la sala, mientras Tony era acompañado por su abogado frente al fiscal y los tres jueces que llevarían el caso. Estaba paralizada, no podía orar, quería pedir ayuda a Dios y no podía. Comencé a orar en lenguas, era lo único que podía hacer.

Formulaban las preguntas y comenzaron las acusaciones. Nunca lo había visto tan nervioso, quería defenderse, pero no tenía argumentos sólidos para rebatir lo que decían, entre otras cosas porque era culpable, pero para mi sorpresa, empezó a abrir la boca diciendo una mentira detrás de otra. Era ridículo, el más torpe podía ver que estaba mintiendo. ¿Qué está haciendo? Se ha vuelto loco, pensé. ¿Cómo Dios va a obrar en medio de tanta mentira?

> "SIEMPRE TUVE FE PARA CREER LO INCREÍBLE, PERO EN MOMENTOS DESESPERADOS PONÍA LA FE DONDE QUERÍA Y NO EN QUIEN DEBÍA".

Una profunda tristeza comenzó a inundarme, ¿cómo podía mentir tan abiertamente? Cesaron las lenguas, cesó todo, había un vacío y tuve una profunda convicción de que estaba condenado. Y exactamente así fue que sucedió, aún no había cumplido los treinta años y ya caía la segunda sentencia: SENTENCIA DE CÁRCEL. Mi marido era condenado a once largos años de prisión. ¡Esto no está sucediendo!, pensé, alguien tenía que despertarme de aquel sueño, alguien vendría a rescatarme de mi pesadilla.

Veintiocho años, mi primer marido condenado a morir y mi segundo marido condenado a prisión, ¿qué cuento de hadas tan perverso era este? Esta no era la vida que yo había determinado vivir cuando, recostada en aquel sofá, fantaseaba con mi príncipe, gastando todas mis fuerzas en vivir la vida persiguiendo un sueño inexistente. ¡NO!, no estaba dispuesta a derramar ni una sola lágrima, no era ese el final que quería para mí. Además tenía una promesa, una promesa dada por Dios. «La iglesia ha estado orando por tu esposo y Dios le ha dado la libertad como a Pedro». Estas fueron las palabras del pastor de aquella isla, esta fue la promesa de Dios para mi vida. ¡Él tenía que cumplirla! ¡Estaba obligado a hacerlo! De nuevo intentando manipular a Dios, lloré, pataleé, clamé e hice todo lo que pude para que Dios no permitiera que mi marido entrara en prisión.

En cuanto a Tony, quedó deshecho y de nuevo ahogó sus penas con la cocaína, así que estábamos otra vez cada uno en su mundo, tan cerca el uno del otro y a la vez tan lejos.

De vuelta en nuestro pueblo, no queríamos ni tocar el tema, y cuando lo tocábamos era para decir algo así como «no importa, Dios va hacer que no vayas a la cárcel». Realmente quería creerlo y terminé creyéndolo, así que con esta cortina de humo continuábamos viviendo. Pero nunca tuve una fe prendida por Dios en el corazón, tuve una fe construida por mi mente.

Los meses restantes se convirtieron en una lucha de papeleo y abogados para recurrir la sentencia a fin de que le rebajaran la pena. Cosa
que conseguimos gracias a Dios con la sentencia dictada por el Tribunal Supremo, que rebajaba la pena a seis años y medio de prisión.

Noche tras noche lloraba amargamente para que Dios cumpliera Su
promesa y mi marido no entrara en prisión. Mi mundo se estaba
desmoronando y de nuevo el abismo se abría a mis pies. Lo que no
supe es que la interpretación que yo había dado para aquella promesa
no fue la interpretación que Dios daba acerca de ella. Una vez más
me había vuelto a equivocar.

¿Recuerdas que anteriormente conté que Dios me dio revelaciones
con respecto al chico que se iba a casar conmigo? Revelaciones que
venían del trono de Dios, pero como no sucedieron conforme a mi
interpretación, me hicieron enfadar.

"NUNCA TUVE UNA FE PRENDIDA POR DIOS EN EL CORAZÓN, TUVE UNA FE CONSTRUIDA POR MI MENTE".

En varias ocasiones, mientras oraba, Dios me mostró en la mente un
chico entre rejas por el cual yo oraba intensamente hasta el punto en
que se abrían las rejas de su prisión. Después de mi enfado, nunca
más me acordé de aquello hasta que un día, al poco tiempo de casarme, hablando con mi marido de cómo Dios lo sacó de prisión

cuando cayó por primera vez con la droga en el aeropuerto, mis ojos fueron abiertos. ¡Era él! Él era el chico por quien yo oraba fervientemente para libertad, el chico que finalmente era libertado.

Como Dios me reveló mucho tiempo después, mis visiones tenían que ver con Tony, pues al tiempo que yo oraba a cientos de kilómetros del que iba a ser mi marido, él caía preso en Gran Canaria y el Señor levantaba un intercesor a su favor. Sin saberlo, yo estaba siendo la intercesora de mi futuro marido, Dios me usó para interceder a favor de la libertad del que años después iba a ser mi marido. Y tal es así que, en su primera entrada en prisión, Dios lo liberó milagrosamente a los seis meses. Esto demuestra que los caminos y los pensamientos de Dios van tan por encima de los nuestros que son incomprensibles para nuestras mentes limitadas.

La revelación fue extraordinariamente maravillosa, Él era y hacía las cosas mucho más perfectas que yo, si tan solo hubiera tenido la humildad de sujetarme a Dios y la paciencia de esperar y confiar…

LO QUE DIOS HACE, ¿QUIÉN LO ESTORBARÁ?

11 de diciembre de 2002, tercer aniversario de boda. Mi marido entraba en casa con un gran ramo de rosas, solo para encontrarse a una mujer desconsolada, llorando amargamente en la cocina, y acompañada por dos hermanos en Cristo que el Señor puso a mi lado en aquel amargo día. Con una notificación de ingreso en prisión en mis manos y el rostro desfigurado de tanto llorar, aparté las rosas a un lado y me desmoroné encima de la mesa.

«Tony, llegó la notificación de ingreso», eso es lo que conseguí decir antes de continuar llorando.

En tres años de matrimonio Dios había trabajado mucho en nuestras vidas, y aunque en aquel entonces no éramos conscientes de ello, ahora puedo ver la preciosa obra realizada en nosotros. El día que Tony fue convencido por el Espíritu Santo de que la salida no era la huída ni la mentira, sino la valentía de afrontar las consecuencias de lo que hizo, llamó a su abogado y le pidió que hiciera constar, donde tuviese que hacerse, que todo lo que dijo en el juicio era mentira, él era culpable de todo. Él estaba humillándose, queriendo rectificar sus declaraciones para dejar constancia de que había mentido. Ahora caminaría en la verdad y no importaba lo que el abogado pudiera pensar, él ya tenía un mayor abogado, Jesucristo.

En realidad nunca supimos si se rectificaron o no las declaraciones, entre otras cosas, porque no sabemos si eso era posible o no. Pero lo que sí sabemos es que ese día Tony, sin saberlo, estaba accionando el botón que activaría los milagros en su vida, pues se estaba humillando ante alguien mayor que el juez. Estaba humillándose ante el Rey de reyes y Señor de señores, ante el juez de toda la tierra, Dios.

«Humillaos, pues, bajo lo poderosa mano de Dios, para que él os exalte cuando fuere tiempo.»

1 PEDRO 5:6

«Cuando fuere tiempo...». Dios no dice que serás exaltado en el acto, sino que serás exaltado cuando fuere tiempo, cuando fuere ¡Su tiempo! Y esto no encajaba con mis planes, porque a pesar de todos los prodigios y milagros que viví, todavía no conocía lo suficiente de

Dios como para entender Sus maravillas. Teníamos los ojos velados y no podíamos entender la hermosura de Su obra.

¿Cómo Dios no le había dado la libertad? ¿A qué estaba jugando Dios conmigo? Estos eran mis pensamientos, pero todavía me quedaba un último aliento. Pensaba que Dios haría el milagro antes de entrar a prisión, algo sucedería y mi marido no entraría, estaba segura. ¡Dios no lo permitiría! Pero... lo que Dios hace, ¿quién lo estorbará? Ni mis pataletas, ni mis amenazas, ni mis intentos de manipularlo hicieron que Su plan se detuviera. Él permitió la entrada de mi marido a prisión, y con ello cayó mi gran castillo fundado sobre la arena y todo sueño en él depositado. Creí que la tierra me tragaría, creí que me estaba muriendo en vida, todos mis sueños habían sido pisoteados definitivamente y el abismo comenzaba a tragarme.

Mi gran historia de amor no era más que otra historia de soledad y desolación. ¿Dónde estaban todos aquellos sueños? La vida parecía terminar.

De nuevo sola, de nuevo viviendo una historia que creí que no me correspondía vivir, no era así como terminaban los cuentos de príncipes y princesas. Las puertas del gran horno de fuego estaban abiertas y yo fui lanzada adentro. Esta es una perfecta descripción de lo que sucedió aquel día en mi vida. Lloré amargamente mientras mi marido iba camino a prisión. ¿Qué sería de mí? ¿Cómo iba a vivir con aquello?

En mi pueblo eran pocas las personas que conocían la realidad. ¿Qué iba a decir? ¿Cómo explicaría su ausencia? De nuevo sola, recostada sobre la gran cama de mi habitación. Pensaba que este era el fin... ¿Qué sería ahora de mi vida?

CAPÍTULO 13

CUANDO TODO ARDE POR DENTRO

«Te haré entender, y te enseñaré el camino en que debes andar; Sobre ti fijaré mis ojos.»

SALMO 32:8

Un ticket de EuskoTren, un servicio de transporte público, caía casualmente en mis manos el día que por primera vez visitaba a mi esposo en prisión. Frente a la ventanilla donde ingresaría sus ropas y algunas pertenencias, llena de incertidumbre y preguntas sin respuesta, encontré un ticket de tren en el que alguien escribió esta preciosa promesa del Salmo 32:8. De nuevo aquella experiencia en la que parece que el mundo para al escuchar la voz de nuestro precioso Salvador. Él estaba conmigo y ahora estaba hablando a mi corazón en el tiempo de la angustia. Me estaba prometiendo enseñarme el camino y hacerme entender. Pero, ¿entender qué?, ¿entender lo inexplicable?

En mi mente Dios me había fallado, Él había prometido librar a mi esposo de prisión y no lo había cumplido. Si ya no podía fiarme de Dios, ¿qué me quedaba en esta vida?

Qué poco comprendía del amor y la misericordia de Dios. El único problema era que yo no conocía casi nada de Él y de Su obrar en nuestras vidas. Mi único deseo entonces era que mi esposo saliera de prisión por todos los medios. Así que comencé un largo camino de juzgados y visitas a la jueza de vigilancia, para hacer entender al mundo que él no debía estar en aquella prisión.

En todo este proceso Él también estuvo a mi lado, y cada puerta que tocaba y parecía abrirse para después cerrarse dando un fuerte golpe frente a mí, era usada por Dios para traer una nueva enseñanza a mi vida. Él siempre estuvo ahí, aunque yo no podía verlo ni sentirlo, pues estaba demasiado obcecada en mis planes y en mi dolor. Pero Él estaba a mi lado enseñándome el camino en el que debía andar, como había prometido.

"ÉL ESTABA CONMIGO Y AHORA ESTABA HABLANDO A MI CORAZÓN EN EL TIEMPO DE LA ANGUSTIA".

La primera cita que tuve con la jueza de vigilancia llenó de gozo mi corazón, porque vi la posibilidad de la obtención del tercer grado de mi marido. Es decir, casi la libertad. Sorprendentemente, aquella mujer era cristiana y mi pastor pudo hacer contacto con su pastor para dar fe del buen testimonio de mi marido. ¡Ahí estaba el milagro! Aún quedaba esperanza, podía ser que hubiera interpretado mal la promesa de Dios, y lo que realmente Él me había prometido era sacarlo de la cárcel estando dentro, en lugar de hacer que no entrara.

¡Sí! Eso debía de ser. De nuevo llena de fe y luchando en lo físico y en lo espiritual para la liberación de mi marido, convoqué ayuno y me recorrí los juzgados, abogados, etc. Ya había contado a mi marido todas las noticias, con lo que él esperaba que Dios hiciera un milagro y lo sacara de allí.

Largos días de espera, cientos de llamadas a los juzgados, papeleo y más papeleo, hasta que por fin llegaba el día en el que tendría la respuesta final.

Temor, ansiedad, desesperanza... estos eran los sentimientos que intentaba combatir, intentando convencerme a mí misma de que Dios me había hecho una promesa y Él se encargaría de cumplirla. Recuerdo aquel día frente al teléfono, recuerdo cómo me palpitaba el corazón, mi cuerpo entero temblaba y a la vez lloraba y clamaba a Dios para que hiciera el milagro. Una voz al otro lado del teléfono me atendió amablemente y me dejó en espera antes de darme la sentencia del juez. Minutos que se hicieron horas, estaba paralizada. Nunca antes me había visto envuelta en una situación semejante. La respuesta que me dieran determinaría mi presente y mi futuro, sentía que estaba frente a las puertas del gran horno de fuego, no sabiendo si me iban a dejar salir o por el contrario Dios permitiría que continuara allí.

«¡Ya está resuelta la sentencia!», algo así debí escuchar. Agarré fuertemente el auricular, cuando escuché decir: «El recurso ha sido denegado».

¿Denegado? ¡No! Esto no estaba sucediendo, el mayor de los vacíos se abrió bajo mis pies, mi cuerpo no supo reaccionar ante la noticia. Temblé, lloré y caí hundida en aquel lugar como si el mundo hubiera terminado para mí. Las llamas de aquel horno ardían en todo su furor y las puertas se sellaban frente a mí. ¿A qué estaba jugando Dios? ¿Dónde estaba ahora? ¿Me había abandonado? Aquel abismo me había devorado y ahora estaba dentro sin poder hacer nada más. Y lo más doloroso de todo era que ¡Dios me había fallado! ¡Estaba perdida! Ya no quedaba nada por lo que luchar.

"¿A QUÉ ESTABA JUGANDO DIOS? ¿DÓNDE ESTABA AHORA? ¿ME HABÍA ABANDONADO?"

De nuevo volvía atrás, al mundo que había dejado. El alcohol, los amigos de conveniencia, las interminables noches de fiesta intentando llenar el gran vacío… ese mundo venía a mis recuerdos como una salida a mi dolor, ese mundo de nuevo era lo único que me quedaba, ese mundo era de nuevo mi esperanza. ¿Para qué me había sacado Dios de allí? ¿Para abandonarme en el desierto? No, lo que me estaba sucediendo era mucho peor que un desierto, era una muerte en vida. Aunque había aceptado a Jesús como Señor y Salvador, mi carne todavía estaba muy viva y Dios tenía que hacerla morir para dar vida a Jesús dentro de mí.

El Señor nos había hablado claramente años atrás. «Dios va a usarlos grandemente, si están dispuestos a pagar el precio». ¿Formaría esto parte de aquel precio a pagar?

Aquella jueza cristiana, que creí que Dios levantaba a mi favor para traer la libertad a mi marido, fue quitada de su puesto poco antes de poder tramitar nada para él. Y el juez que vino en su lugar no quiso mantener su decisión, por lo que dictaminó todo lo contrario. ¿Crees que a Dios se le había escapado este detalle? ¿Acaso no oramos lo suficiente y Satanás nos venció y no pude alcanzar la promesa? Estas son las mentiras que Satanás lanzó a mi mente.

Ahora sé que no hay quien de la mano de Dios libre, y lo que Él hace, ¿quién lo estorbará? (Isaías 43:13). Su perfecto plan estaba en marcha y nada ni nadie iba a estorbar la obra de Sus manos. Creí que Dios enviaba a aquella jueza para liberar a Tony, pero lo que realmente hizo fue parar ese plan de libertad porque Él tenía algo mucho mayor para nosotros. ¡La verdadera libertad!

«y conoceréis la verdad, y la verdad os hará libres.»

JUAN 8:32

Jesús es la única verdad; Jesús es el camino, la verdad y la vida. Y nosotros conocimos la verdad, conocimos a Jesús de una manera única y especial.

Una hermana en Cristo me habló algo que se grabó en mi corazón. «¡Ana! Tu marido está preso, pero es más libre que muchos que están libres y viven presos». ¡Qué gran verdad! y ¡qué gran realidad!

¿Conoces la historia narrada en el tercer capítulo del libro de Daniel?

Un rey, llamado Nabucodonosor, ordenó que echaran a un horno de fuego ardiendo a tres jóvenes llamados Sadrac, Mesac y Abed-nego, a causa de su amor y servicio a Dios. Estos tres jóvenes, antes de entrar en aquel horno, dijeron al rey estas palabras: «Nuestro Dios a quien servimos puede librarnos del horno de fuego ardiendo; y de tu mano, oh rey, nos librará. Y si no, sepas, oh rey, que no serviremos a tus dioses, ni tampoco adoraremos la estatua que has levantado». Ellos confiaban en que su Dios podía e iba a librarlos, pero si no era así, igualmente declararon continuar amándolo y sirviéndolo. Entonces, lleno de ira, Nabucodonosor ordenó calentar el horno siete veces más de lo habitual y atar a estos jóvenes para echarlos al horno. Pero cuando fueron echados dentro, el rey se espantó y se levantó apresuradamente al ver que, aunque había echado tres varones dentro, en aquel horno había cuatro varones sueltos paseando en medio del fuego sin sufrir ningún daño. ¿Quién era el cuarto varón? Jesús. El rey dijo que el aspecto del cuarto varón era semejante a hijo de dioses. Ante su asombro, este rey se acercó a la puerta del horno y les mandó salir. Todos pudieron ver que el fuego no había tenido poder alguno sobre sus cuerpos, pues ni uno de sus cabellos se había quemado. Entonces el rey decretó que todo pueblo, nación o lengua que dijera blasfemia contra Dios fuera descuartizado y su casa se convirtiera en muladar, por cuanto no había Dios que pudiera librar como Él. Es decir, Nabucodonosor bendijo a Dios y engrandeció a Sadrac, Mesac y Abed-nego en la provincia de Babilonia.

¿Qué te parece la historia? ¡Qué hombres tan valientes y tan llenos de fe! Cada vez que escuchaba una predicación acerca del horno de fuego o del horno de la prueba, todo mi ser temblaba. Me imaginaba el horno de la prueba como algo horroroso por lo que Dios te obligaba a pasar, un lugar donde se sufría y un lugar sin consuelo. No supe lo equivocada que estaba hasta que pasé mi propia prueba en mi gran horno de fuego.

Con la sentencia de cárcel, se abrían ante mí las dos grandes puertas del horno calentado siete veces más de lo habitual, y poco después era empujada adentro. ¿Qué crees que pensaron estos tres hombres que fueron echados al horno? Probablemente caminaban hacia él forcejeando y pensando que todo terminaba ahí, parecía que Dios no quería salvarlos. Pero se equivocaron, porque Dios tenía un plan mucho mayor. Él hizo un milagro mucho mayor que el de no permitirles entrar. Entraron al horno, tuvieron el privilegio de pasear con Jesús, y luego salieron para ser engrandecidos y Dios glorificado. ¿No mereció la pena?

"NUESTRO DIOS A QUIEN SERVIMOS PUEDE LIBRARNOS DEL HORNO DE FUEGO ARDIENDO; Y DE TU MANO, OH REY, NOS LIBRARÁ".

Tienes una promesa y justo antes de su cumplimiento las cosas empeoran hasta el punto de caer en el horno, entonces crees que tu

promesa ha finalizado, que todo era mentira y ya no hay esperanza...
Pero no importa lo que tú creas, fiel es quien lo ha prometido, y si
estás en ese lugar es porque ha comenzado el tiempo del cumplimiento. Gózate en lo que estás viviendo.

«Hermanos míos, tened por sumo gozo cuando os halléis
en diversas pruebas.»

SANTIAGO 1:2

Gózate porque de ahí saldrás purificado, saldrás trabajado y saldrás
con mayor honra tú y con mayor gloria Dios. Al igual que el rey
Nabucodonosor terminó honrando a Dios y engrandeciendo a estos
tres jóvenes, así tu vida brillará para gloria y honra de Dios y, una vez
finalizado el proceso, podrás ser engrandecido por Él.

Con el paso del tiempo, descubrí que en aquel lugar de aparente
sufrimiento se encontraba Jesús. Descubrí que Jesús estaba conmigo
y el sufrimiento no existía como tal. Fuera del horno, estaban todas
aquellas personas que no entendían el poder ni la misericordia de
Dios. Personas que se inclinaban a otros dioses y por tanto no conocían el poder de nuestro Dios. Pero dentro de él, conmigo, estaba mi
Señor, estaba Jesús.

Años antes, cuando desesperadamente buscaba a Dios solo con la
finalidad de que Él me hablara de un milagro, solamente encontraba
en la Biblia esta palabra:

«Cuando pases por las aguas, yo estaré contigo; y si por los ríos, no te anegarán. Cuando pases por el fuego, no te quemarás, ni la llama arderá en ti.»

ISAÍAS 43:2

Terminaba irritándome. Recuerdo tomar un papelito de promesas en una cesta de la Iglesia y aparecer ese versículo, abrir la Biblia y nuevamente lo mismo. Esta palabra me perseguía porque era el Señor quien me perseguía. Yo quería oír algo así como: «Tranquila, Ana, tu marido no va a prisión», pero solo escuchaba: «no te preocupes que yo voy a estar contigo». Eso no me valía en aquel entonces. Pero años más tarde, entendí que siempre había estado a mi lado llevándome al verdadero camino y prometiéndome caminar juntos por él.

"GÓZATE PORQUE DE AHÍ SALDRÁS PURIFICADO, SALDRÁS TRABAJADO Y SALDRÁS CON MAYOR HONRA TÚ Y CON MAYOR GLORIA DIOS".

Dios cumplió Su promesa, ni uno solo de mis cabellos fue dañado en aquel horno, el fuego no tenía ningún poder sobre mí, el sufrimiento se había convertido en gozo y lo más maravilloso era que las ataduras que por años me esclavizaron estaban siendo quemadas, al igual que se quemaron las ataduras de aquellos tres varones que fueron lanzados al horno de fuego para encontrarse a Jesús en él. Ellos, al igual que yo, caminaban libres con Jesús en aquel lugar que se suponía debía de ser de sufrimiento y, además, tuvieron el privilegio que ninguno de los de afuera pudo tener: estar cerca de Jesús, caminar a Su lado y disfrutar de Su presencia. ¡Gloria a Dios por ese horno!

Esta fue la segunda gran sentencia de mi vida, sentencia de cárcel, pero esta también fue una gran victoria en nuestras vidas. La quema de nuestras ataduras.

Cuando los metales son refinados, estos se someten a temperaturas tan elevadas que terminan fundiéndose. Lo que sucede durante este proceso es que las impurezas se separan del metal y suben a la superficie, es decir, pueden ser quitadas de él para dejarlo puro. Pero si el metal no fuera sometido a este proceso, nunca podría ser purificado y no tendría el mismo valor. De igual manera, nosotros somos sometidos a procesos semejantes en el horno que Dios de antemano nos ha preparado amorosamente, a fin de ser santificados y poder así reflejar a Cristo en nuestras vidas.

Tony también tuvo su propio proceso dentro de aquel horno. El Señor lo llevó de Su mano y estuvo cerca de él todos los días de aquella condena, lo llevó de gloria en gloria y de victoria en victoria.

El Señor lo usó poderosamente en prisión, lo llevó frente a personas de autoridad para testificar de Cristo y, a su paso, muchos de los presos caían rendidos a los pies del Señor. Dirigía reuniones para Cristo en prisión y, de manera libre, alababa al Señor entre aquellas rejas.

En cuanto a mí, todos los días que tocaba visita se convertían en una magnífica oportunidad para llevar el evangelio a todas aquellas personas tan desfavorecidas. Ellos tenían el mismo sufrimiento que yo, pero ellos no tenían el Dios de consuelo que tenía yo.

"CON EL PASO DEL TIEMPO, DESCUBRÍ QUE EN AQUEL LUGAR DE APARENTE SUFRIMIENTO SE ENCONTRABA JESÚS".

El Señor me usó grandemente en las tres prisiones que visité en los años que mi esposo estuvo preso. Vi la mano de Dios en todo lo que sucedía, sentía Su favor y el favor de los hombres de una manera especial. Y entonces llegó la revelación de la promesa, mis ojos fueron abiertos a la realidad del Espíritu y pude comprender aquella promesa que el Señor me había hecho años atrás. Me había equivocado, una vez más me había equivocado. Dios me dio una promesa de libertad, pero hasta entonces yo no la había entendido. Su promesa fue que Dios daba la libertad a mi esposo. Pero, ¿qué clase de libertad le hubiera dado si le hubiera salvado de prisión y hubiera continuado preso en el espíritu? Esa es una libertad que al día de hoy no quiero y mi esposo tampoco quiso. La libertad que el Señor me había prometido no tenía que ver con el mundo natural, sino con el mundo espiritual. Era una libertad mucho más allá de lo que yo podía entender. Libre de la droga, libre de la opresión, libre de la violencia, libre del tormento…

Así es nuestro Señor, poderoso para hacer mucho más abundantemente de lo que creemos o entendemos. Aquellas palabras de aquella hermana cobraban sentido para mí. Dios me daba un regalo mucho mayor que la libertad de prisión, Dios me daba un marido que había salido de la tierra de la maldición a la tierra de la bendición, un marido en el que habían sido quemadas todas las ataduras que le impedían caminar libre en Cristo. Ahora las puertas de aquel gran horno de fuego comenzaban a abrirse, pero a mí ya no me importaba salir.

Ahora te pregunto, ¿qué libertad sería la que tú escogerías? Sin duda Dios supo darme mucho más abundantemente de lo que yo pedía o entendía. Y ahora puedo mirar atrás y decir, ¡a Él sea la Gloria!

Este fue uno de los tiempos más preciosos en nuestra intimidad con Dios, en nuestra relación matrimonial, en la restauración de mi relación con mi primer hijo, Ortzi, y en muchas otras cosas maravillosas que sucedieron en el horno de la prueba.

¡Fíjate! Entramos en el horno como dos niños caprichosos y consentidos que continuaban queriendo un Dios Salvador y no un Dios Señor, un Dios al que creíamos poder manipular y un Dios que, si no contestaba de acuerdo a nuestra necesidad, creíamos no necesitarle. Pero salimos de aquel horno con un Dios Salvador y Señor, un Dios al que no queríamos manipular, un Dios que, contestara como contestara, nosotros de igual manera íbamos a servir y adorar. ¿Crees que no mereció la pena? Dios hizo una obra perfecta y duradera. Dios nos dio el regalo de Su intimidad, Dios nos dio la verdadera libertad.

UN NIÑO ANUNCIADO

Uno de los mejores recuerdos que guardamos de aquel tiempo en prisión fue la palabra o la promesa de Dios con respecto a nuestro segundo hijo, Ibai. Estando aún preso mi marido, mi corazón comenzó a inquietarse con un ardiente deseo de tener un hijo. Esto parecía una locura dada la situación, pero el deseo continuaba e incluso aumentaba.

En el trato que Dios usó para libertar a mi marido sucedieron muchas cosas que no he contado, pero relataré una de ellas para comprender la clase de promesa en la que debíamos creer. Tony había cumplido ya dos años en la cárcel, cuando tuvo un altercado con un preso al que mandó al hospital. Dios estaba tratando con su violencia, pero en el mundo natural eso no se veía como tal, con lo que destinaron a mi marido a una prisión de máxima seguridad muy lejos de casa.

"DIOS NOS DIO EL REGALO DE SU INTIMIDAD, DIOS NOS DIO LA VERDADERA LIBERTAD".

Este suceso suponía que podían denunciar a Tony, sumándole tres años más de condena y privándole a su vez de cualquier beneficio penitenciario. No eran las mejores noticias, ¿verdad?

Ahora puedo entender que, mientras esto sucedía en el mundo natural, en el espiritual se estaba librando una batalla y la victoria fue a favor de Tony, quien tuvo un arrepentimiento genuino y ahí se culminó la obra de liberación en esa área de su vida. Pero todo esto lo sabemos ahora, porque lo que entonces sabíamos era lo que la ley decía y nada más. Así que cuando recibí una palabra *rhema* de Dios en mi vida, diciéndome que tuviera ese hijo que anhelaba porque Tony iba a salir en libertad antes de que este naciera, podía perfectamente parecer toda una locura. Realmente vivir en fe es vivir viendo otra realidad a la realidad que todos ven.

Otra de las cosas que debes saber es que cuando quieras actuar en la fe, Satanás levantará las bocas que se presten para intentar poner tus ojos en el plano natural y quebrar así los planes de Dios para tu vida. Continuar con los ojos en Cristo y no decaer hará que alcances la promesa.

Creí profundamente lo que el Señor me dijo y abracé la idea de ser madre por segunda vez. No usaba la lógica, usaba la fe.

Una tarde compartí con Tony lo que el Señor había traído a mi corazón y, sin dudarlo, me dijo que así sería, pues él también había tenido el sentir y el deseo de tener un hijo.

Por fin llegaba el día de la visita, eran pocas las horas en un mes en las que podíamos estar juntos, tanto por la lejanía como por el régimen de visitas, nuestros encuentros eran muy casuales. Pero llegó el día y estábamos gozosos porque Dios nos había dado una palabra. No pensábamos en cómo sería el futuro, pues nuestro futuro era Dios.

Estábamos decididos a tener ese hijo pero, cuando fue el momento de poner por obra aquella palabra, un temor se apoderó de mí, y en el último momento cambié de idea. Estaba asustada, ¿y si había escuchado mal la voz de Dios? ¿Y si había sido mi imaginación? El temor estaba inundando aquel lugar y el gozo estaba desapareciendo. La realidad era que Tony no llevaba ni dos años preso y tenía una condena de seis años y medio, además, podían añadirle tres años más. En lo único que yo me podía apoyar para tener aquel hijo era en creer que Dios me había prometido que mi marido sería libre antes de que este naciera.

¿No era una locura? A cualquiera se lo hubiera parecido, pero a Dios no le debió de parecer tal cosa, pues en aquel lugar tan frío ante los ojos humanos, la presencia de Dios descendió y lo convirtió en el lugar más romántico y acogedor. Volví a sentir Su presencia y volví a escuchar Su voz: «No temas, tu marido es libre». Estas fueron Sus palabras, estas fueron las palabras que oí en el espíritu y que llenaron de fe mi corazón, impulsándome a tener aquel hijo. Esa misma tarde, libre entre aquellas rejas, fue engendrado mi hijo Ibai. Un niño anunciado.

No cabría en un libro contar cuántos milagros hizo Dios en nuestras vidas durante aquel tiempo, pero puedo decir que vivimos de milagro en milagro.

Salí de aquella cárcel sabiendo que me llevaba un hijo, el hijo de la promesa. Mi hijo había sido anunciado y tenía la certeza de que había sido engendrado.

Una noche, en mi sexto mes de embarazo, mientras Tony acariciaba mi abultada barriga emocionado por las pataditas que su hijo le daba, comentábamos lo bueno que Dios era con nosotros y recordamos la promesa. La habíamos olvidado, habíamos olvidado la promesa de libertad, simplemente vivíamos el día a día hasta que aquella noche, los dos acostados sintiendo la vida de nuestro hijo en mi vientre, recordamos Sus palabras. «Antes de que el niño nazca, tu marido será libre». De nuevo nos gozamos al ver la fidelidad de Dios, pues esta vez no estábamos en aquella fría prisión, esta vez disfrutábamos de nuestro bebé desde nuestra propia habitación.

Una vez más, ¡Dios hizo el milagro! Si puedes creer, al que cree todo le es posible.

EL CUMPLIMIENTO DE LA PROMESA

Comenzaba así una nueva etapa en nuestras vidas. Habían concedido a Tony el tercer grado, lo que suponía que podía trabajar en la calle y dormir en casa los fines de semana, mientras que de lunes a jueves continuaría durmiendo en la prisión más cercana a nuestro domicilio. Era maravilloso, para mí ya estaba libre, pues después de tanto tiempo sin él, ahora podía tenerlo en casa tan a menudo que casi no sentía su ausencia.

Todo parecía perfecto hasta que de nuevo enfrentamos otra montaña, aunque esta vez lo hicimos con tanta fe que no le quedó otra que retroceder a nuestro paso.

Mi embarazo estaba ya avanzado y me quedaba muy poquito para dar a luz. Mi deseo era tener a Tony conmigo cuando ingresara en el hospital, lo que quería decir que mi hijo debía nacer un fin de semana o la semana de permiso, ya que no he mencionado que él tenía derecho a disfrutar una semana de permiso al mes para poder dormir en casa. Entonces comencé a orar al Señor pidiéndole el anhelo de mi corazón: «¡Señor!, que mi esposo pueda estar presente cuando nazca nuestro hijo», esta era mi oración. Pero en esta ocasión ya no había manipulación en ella, esta vez no había rebeldía en mí. Oraba a Dios para que me concediera el anhelo del corazón, pero si no era así, igualmente iba a servirle y amarle. Esta obra fue hecha en mí en aquel gran horno, en aquel maravilloso horno.

«...Y si no, sepas, Oh rey, que no serviremos a tus dioses, ni tampoco adoraremos la estatua que has levantado.»

DANIEL 3:18

Ya el horno había purificado mucho en nuestro corazón y de ninguna manera nos inclinaríamos a hacer lo malo.

El Señor es bueno y nos concedió lo que pedimos. Sucedió que el nacimiento de Ibai estaba previsto para el 11 de marzo, con lo que pedí a Tony que pidiera el permiso para la semana que encerraba el día 11. Así tendríamos asegurada su presencia entre nosotros en el hospital. Pero como se suele decir, el hombre propone y Dios dispone, pues aunque nosotros preparamos todo para ese día, mi hijo no nació el 11, sino que se adelantó dos semanas para nacer el 24 de febrero. Esto echaba por tierra todos nuestros planes, pero el Señor es soberano y siempre va por delante. Nosotros encomendamos a Él nuestro camino y Él siempre endereza nuestras veredas.

Una vez más la fidelidad de Dios nos sorprendía. Mi marido, sin saberlo, se equivocó al pedir el permiso, y en su equivocación lo pidió para la semana que encerraba el día 24 de febrero. ¿Qué te parece la fidelidad de Dios? Nosotros no lo sabíamos, pero Él lo sabía. Él nunca llega tarde, Él todo lo hace perfecto. Tony se equivocó y resultó que esto también fue preparado por Dios. ¿Merece la pena servir a alguien más que a Dios?

Otro obstáculo que Dios derribó fue la hora del nacimiento, o la hora en la que yo me pondría de parto. Tony trabajaba muy lejos de casa y no tenía coche, se levantaba muy de madrugada y tomaba el tren para desplazarse hasta el lugar de trabajo, haciendo traslado en otro pueblo. Es decir, si me ponía de parto cuando él estaba trabajando sería difícil localizarlo y, una vez localizado, tardaría mucho en llegar hasta el hospital, con lo que correría el peligro de no estar en el momento del parto. Pero de nuevo Dios nos sorprendía con Su exactitud.

Eran las cinco de la madrugada. El despertador de mi marido estaba a punto de sonar para despertarse y correr a la estación de tren, cuando me di cuenta de que había roto aguas. Dios es un Dios de detalles, Él está vivo y camina a tu lado, tanto si lo sientes como si no, tanto si estás en el horno o en los delicados pastos. Él siempre está, y ahora mismo, ahí donde tú estás, Él está.

Si hubiera roto aguas tan solo un poquito más tarde, Tony hubiera estado ya en el tren rumbo a su trabajo, es decir, que hubiera tardado en llegar y yo hubiera tenido que ir al hospital sin él. Pero Dios conocía el anhelo de nuestro corazón y nos permitió pasar juntos todo el milagro de esta nueva vida que estaba por nacer.

Llenos de gozo, corrimos al hospital para esperar a nuestro segundo hijo, Ibai, que nació exactamente a las 19:00h, tal y como el Señor había revelado a mi corazón.

Como ya he dicho antes, es más difícil creer que en la vida de una persona puedan suceder tantas casualidades juntas, que creer que existe un Dios que es real. Cuando enumero las maravillas que el Señor ha hecho con nosotros, no puedo sino postrarme ante Su presencia y adorar al Dios que nos dio la vida y al Dios que nos enseñó a vivir esa vida.

¿Te gustaría vivir en intimidad con Dios? No te estoy preguntando si eres cristiano o si no, no te estoy preguntando tampoco si llevas veinte años en la iglesia, como era mi caso, o si nunca has estado en ella. Lo que te pregunto es si quieres vivir en intimidad con Él, una intimidad que puede que hasta el día de hoy nunca hayas experimentado, una intimidad que produce profundos cambios en el interior. Si es así, solo tienes que decirle:

«Padre Santo, quiero conocer a la persona del Espíritu Santo y quiero vivir en intimidad con Él».

Dios es un Dios de pactos y, si has levantado esta simple oración desde lo profundo del corazón, espera grandes cambios.

También pienso en esa persona que está leyendo este libro y aún no sabe nada de Dios. Ahora quiero dirigirme a ti, ¿quieres vivir Su presencia?, ¿quieres vivir este Dios? Te reto a probarlo. Hoy puedes tener una oportunidad de cambio en tu vida. Piensa en el firmamento, ¿quién crees que lo creó? Dios, mi Dios lo creó. ¿No es grande y maravilloso? ¿Estás dispuesto a tener un encuentro con Él? Si es así, solo tienes que levantar tu voz y decirle:

«Dios, si existes y estás en algún lugar y mi vida te importa, muéstrate a mí».

Si tú haces esto de corazón, sin desafío, sin osadía, sin burla, puedes estar seguro de que el Señor que te dio la vida va a salir a por ella. Pues no eres tú el que le busca, sino Él es el que te está llamando. Este es mi Dios y este será tu Dios, el Dios de los imposibles, el Dios de los milagros.

―――――

"DIOS, SI EXISTES Y ESTÁS EN ALGÚN LUGAR Y MI VIDA TE IMPORTA, MUÉSTRATE A MÍ".

―――――

Y ¿qué sucedía en mi pueblo mientras yo vivía todo esto? ¿Qué se hablaba de nosotros? Dios confundió las lenguas de ellos y cerró sus oídos para que viendo no vieran y oyendo no entendieran.

Mientras unos murmuraban acerca de algo otros venían a desmentirlo con otra murmuración acerca de lo contrario, y se hizo tal confusión en el pueblo que nadie atribuyó a mi vida lo que en realidad estaba sucediendo, con lo que la información de este libro en cuanto al tiempo de mi marido en prisión será una sorpresa para muchos.

El Señor fue amoroso y preservó nuestra intimidad.

CAPÍTULO 14

PLENITUD DE VIDA

Mis dos primeras sentencias estaban echadas, sentencia de muerte y sentencia de cárcel, pero aún quedaba una tercera sentencia. Detrás de estas dos primeras vividas en un mundo irreal, existía el camino a la vida, así es como definiría todo lo que viví de la mano de mi precioso Señor y Salvador Jesucristo.

Tantos años de vida malgastados intentando llenar un vacío que es imposible de llenar humanamente. Tantos años corriendo detrás de un sueño para llegar a alcanzarlo y convertirse en pesadilla. Tantos años perdida, sin rumbo, buscando la felicidad en fuentes equivocadas. Nada llenaba mi vida y mucho menos traía paz a mi alma, más bien todo lo contrario, pues vivía llena de temores y ansiedades. En todos esos años, ni siquiera recuerdo el número de noches que me había acostado pensando, ¿por qué existiré? ¿Qué sentido tiene esta vida llena de dolor y sufrimiento? De alguna manera, esto me ponía contra Dios. Lo culpaba de todas mis decisiones, fracasos y sufrimientos. ¿Por qué me has hecho existir? La idea de un Dios cruel y dictador siempre quiso arraigarse en mi mente y en mi corazón.

Supongo que muchos de los lectores se harán las mismas preguntas que en aquellos días me hacía yo, Incluso puedes estar enfadado con Dios, o peor aun, puedes haberte creado una imagen de un Dios perverso y tirano en tu corazón. Desde aquí, quiero decirte que nuestro Dios es un Dios amoroso, compasivo, misericordioso, y quiere darse a conocer tal y como Él es. Un Dios Salvador, un Dios Restaurador. Lo más fácil es culparle de todos nuestros errores y fracasos en lugar de reconocer que hemos andado de espaldas a Él, en medio de una sociedad que también anda de espaldas a Él y, por ese motivo, cosecha lo que siembra.

"TANTOS AÑOS PERDIDA, SIN RUMBO, BUSCANDO LA FELICIDAD EN FUENTES EQUIVOCADAS".

Algo que intento implantar en la mente y en el corazón de mi hijo mayor, Ortzi, y lo haré de igual manera con los siguientes hijos, es que la obediencia a Dios trae vida y plenitud, y la desobediencia, muerte y destrucción. Le ilustro las verdades de Dios con ejemplos que él pueda entender y retener. Y uno de estos ejemplos es el del paraguas, «el paraguas de la cobertura de Dios».

Dios nos ha regalado a cada uno el paraguas de Su cobertura. Este paraguas trae una protección especial a nuestras vidas, una cobertura bajo la cual podemos vivir seguros y confiados, pues bajo ella, todas las cosas que nos suceden nos ayudarán para bien. No digo que todo lo que vaya a suceder sea perfecto, pues vivimos en un mundo imperfecto, pero sí estoy diciendo que TODO nos ayudará para bien. Ese paraguas se llama OBEDIENCIA.

Supón que el Señor te entrega este paraguas y te pide que siempre lo lleves abierto, veas lo que veas y oigas lo que oigas. Es decir, llueva, nieve o haga sol, tu paraguas ha de estar abierto. Si mantienes el paraguas de la obediencia abierto y sales al mundo, no tendrás miedo a mojarte y tampoco tendrás miedo a que el sol te fatigue, pues estarás resguardado. Caminarás bajo la protección de Dios y no tendrás temor. Pero, ¿qué sucedería si un día decides probar qué pasa al cerrar tu paraguas? Sucederá que ese día saldrás confiado y dejarás tu paraguas en casa, y al ver que no ha pasado nada, el siguiente día te atreverás a recorrer un camino más largo sin el paraguas. Pero un día estarás lejos del hogar y de la protección que Dios puso para ti, y comenzará la tormenta y comprobarás que estás empezando a mojarte, tu cuerpo comenzará a empaparse y el frío te paralizará. Querrás resguardarte y correrás en busca de refugio pero no lo hallarás, pues tu refugio era Dios y decidiste alejarte de Él. ¿Creerías justo comenzar a culpar a Dios de lo sucedido? «Dios mío, ¿cómo permites que me moje? No eres un Dios justo, me has abandonado». ¿No sonaría esto un poco absurdo? Dios nunca te abandonó, fuiste tú el que decidiste abandonar Su protección al salirte del paraguas de la obediencia.

Algo parecido a esto es lo que le sucedió al mundo, es decir, a la humanidad. Cuando Dios creó al ser humano, pensó crearlo eterno para vivir en comunión íntima con Él. ¡Qué gran privilegio!

Privilegio que no supimos aprovechar, porque pronto decidimos caminar de espaldas a Él.

Dios creó un mundo perfecto donde no entraban la enfermedad, la violencia, ni la muerte. Un mundo sano para un pueblo santo. Él dio al ser humano principios en los cuales caminar para que todo le fuera bien, es decir, un paraguas de protección, pero la humanidad entera se desvió de Sus consejos y prefirió tomar sus propios caminos. Caminos tan alejados de Dios que lo único que trajeron fue sufrimiento, muerte y destrucción. Y no conformes con ello, comenzaron a culpar a Dios de todo lo que sucedía. Si los niños mueren de hambre, culpan a Dios; si la injusticia se cobra vidas inocentes, culpan a Dios; que el planeta se destruya, también es culpa de Dios... ¿Por qué no podemos pensar que nada de esto es la voluntad de Dios? Como he dicho, Él creó al ser humano para tener intimidad con Él, no para que fuera su robot programado. Nos dio libertad de decidir hacer el bien o el mal, y recoger así el fruto que sembramos. El Señor dejó escrita en la Biblia esta carta para ti:

> «... (Te) he puesto delante la vida y la muerte, la bendición y la maldición; escoge, pues, la vida, para que vivas tú y tu descendencia.»
>
> DEUTERONOMIO 30:19

Te dio a elegir la vida y la muerte, incluso te animó a escoger la vida para que pudieras vivir. Y esta decisión implica también a toda tu descendencia. ¿De qué podríamos culparle? ¿Quién escogió? ¿Fuiste tú o fue Él? Él quiere reconciliarse con la humanidad y quiere reconciliarse contigo, por eso entregó a la muerte a Su único hijo. Pero somos nosotros los que no tomamos la decisión de asumir nuestra culpa y reconocer que vivimos de espaldas a Él.

Así sucedió en mi vida hasta el día que reconocí que no había más culpable que yo en todo lo sucedido. Mi historia era mía, no de Dios, las decisiones las tomé yo, no Dios. Todo lo que me había ocurrido venía de una raíz, todo fruto en mi vida venía de un acto que fue sembrado por mí, no por Dios. Toda mi siembra había sido de pecado y, por consiguiente, mi cosecha era de muerte y maldición. Reconocer que la culpa es nuestra, y no de Dios, ayuda en la reconciliación.

"LA OBEDIENCIA A DIOS TRAE VIDA Y PLENITUD, Y LA DESOBEDIENCIA, MUERTE Y DESTRUCCIÓN".

No me gustan los libros que te quieren llevar a las alturas y te animan a volar, sin enseñarte cómo despegar. Cuando leía un libro con el que me sentía identificada, leía y leía esperando que su autor o autora diera la solución al problema. Pero muchas veces terminaba el libro frustrada, porque la persona contaba su amargura y luego su alegría, sin explicar cómo había pasado de un lado al otro, así que me quedaba sin haber encontrado la llave que abría la puerta a la salvación.

Contaré, basándome en mi experiencia, qué dos llaves me llevaron a la libertad. Y en primer lugar me gustaría explicar cómo me fue devuelta mi voluntad. Y si había perdido la voluntad, ¿cómo llegué a Cristo?

Si volvemos al capítulo en el que entro en el quirófano, recordarás que Dios me muestra tres puertas: En una de ellas, estoy caminando en medio del pecado, pero no sufro y tengo voluntad de salir; en otra, estoy en el suelo con sufrimiento, pero también tengo voluntad para salir, pues no hay nadie que me agarre; sin embargo, hay otra puerta en la que sufro y además tengo una persona más fuerte que yo agarrándome sin dejarme marchar. Esta representación es perfecta para explicar mi vida espiritual.

"RECONOCER QUE LA CULPA ES NUESTRA, Y NO DE DIOS, AYUDA EN LA RECONCILIACIÓN".

La primera puerta, sin nombrarlas en el orden del sueño, ilustra el jugar con fuego o jugar con el pecado. Todavía no estaba atada y no traía a mi vida un sufrimiento aparente, pero estaba en peligro de muerte.

En la segunda puerta, estaba ya en el suelo, y por tanto había un sufrimiento. Satanás ya me había humillado, y aunque él no tenía mi voluntad, había creado lazos tan fuertes con el pecado que me eran difíciles de romper.

Y en la tercera puerta, ya había pecado tantas veces en la misma área que terminé entregando mi voluntad a aquel al que me sometí como esclava, es decir, a Satanás. Como sucedía en la representación, él me tomó y no me dejaba ir.

«¿No sabéis que si os sometéis a alguien como esclavos para obedecerle, sois esclavos de aquel a quien obedecéis, sea del pecado para muerte, o sea de la obediencia para justicia?.»

ROMANOS 6:16

Las personas que se someten una y otra vez al pecado quedan presas en él. ¿Tú realmente crees que las personas que están enganchadas a las drogas, a la prostitución, a la ludopatía... quieren vivir así? He conocido a muchas personas que no querían seguir viviendo porque se sentían impotentes, llevando una vida que no querían vivir, pero incapaces de salir de ella en sus fuerzas. Estos son los que han perdido la voluntad, se han sometido tantas veces al pecado que ahora son esclavos de él.

Y la pregunta es, ¿cómo recuperar la libertad y por tanto la voluntad para no volver a pecar? A la luz de la palabra de Dios, solo hay uno que puede salvarte de una mano más fuerte que tú y se llama Jesucristo. Y esto mismo es lo que sucedió en mi vida, Él ya sabía que yo era esclava de otro amo y por tanto no podía servirle, porque para hacerlo primeramente necesitaba ser libertada. Una vez libre, yo podría voluntariamente servir a un nuevo Señor.

Veamos la historia de Lázaro en el undécimo capítulo de Juan.

Lázaro, un hombre al que Jesús amaba, llevaba cuatro días muerto en el sepulcro cuando el Señor fue a su encuentro para darle vida. Lo primero que Jesús hizo fue dar una orden de vida: «¡Lázaro, ven fuera!», y Lázaro salió por el poder de Cristo. Estas palabras trajeron la vida al muerto, pues dice la palabra que Lázaro salió, atadas las manos y los pies con vendas, y el rostro envuelto en un sudario. Qué curioso, Lázaro salió, es decir, vivió. Pero, ¿cómo salió? «Atadas las manos y los pies con vendas, y el rostro envuelto en un sudario».

¿Sabes qué hizo el Señor acto seguido? Dar otra orden, Él dijo:

«Desatadle, y dejadle ir» (v. 44).

Lázaro ya estaba vivo, pero el Señor tuvo que dar una segunda orden para desatarle y dejarle ir. Yo estaba en un estado similar al de Lázaro, es decir, muerta en mis pecados y delitos, y aunque acepté a Jesús y me dio la vida, esta solo fue la primera orden, aún necesitaba una segunda orden:

«DESATADLE Y DEJADLE IR».

«y Él os dio vida a vosotros cuando estabais muertos en vuestros delitos y pecados.»

EFESIOS 2:1

El pecado trajo a mi vida un estado de muerte espiritual del que me veía incapaz de salir. Me había hecho voluntariamente esclava del pecado y, ahora, solamente Jesucristo podía sacarme de ahí, solamente Jesús podía dar una orden de vida: «¡Ana, sal fuera!». ¿Y cómo alcancé esta vida? Aunque había entregado mi voluntad en una o en mil áreas de mi vida, había algo que no había perdido porque no se puede perder, el poder de confesar y creer. Este poder siempre estará en ti, podrás perder la voluntad, podrás perder la libertad, pero nunca perderás el poder de confesar y creer. Es decir, que siempre tendrás la salida.

> «...si **confesares** con tu boca que Jesús es el Señor, **y creyeres** en tu corazón que Dios le levantó de los muertos, **serás salvo.**»
>
> ROMANOS 10:9

Confesar y creer traen promesa de salvación. No importa cuán abajo hayas caído y no importa lo atado que estés o lo hundido que te sientas. Si puedes creer (y tú puedes, pues Dios ya te dio esa medida de fe) que Jesucristo es el hijo de Dios, que murió por tus pecados y resucitó al tercer día para reinar a la diestra del Padre, entonces serás salvo.

Cuando tú entregas tu vida a Jesucristo para que Él la gobierne, lo que realmente estás haciendo es un pacto con Él. Tu parte del pacto es entregarle la vida y Su parte es hacerse cargo de ella.

Los pactos con Dios no suceden en el mundo natural, estos pactos se hacen en el mundo espiritual. Ese mundo al que solo podemos acceder con la llave de la fe. Tú no puedes tener un contrato firmado sobre papel cuando pactas con Dios, pero ese pacto está tan presente y vigente en los cielos como el contrato más firme que exista en la tierra. Cuando pactas con Él, puedes pensar que no ha sucedido nada, pero yo te digo que no te preocupes, pues Él tiene el contrato firmado en los cielos y, desde el mismo momento que te hayas humillado ante Él, comienza el plan de rescate.

TERCERA SENTENCIA

Cuando aquel verano de 1998, en aquella iglesia de Pamplona le dije al Señor: «haz lo que quieras», lo que en realidad hice fue un pacto con el Señor entregándole mi vida para que Él hiciera lo que quisiera. En ese momento no vino una varita mágica sobre aquel lugar ni se abrió el cielo para que yo viera al Señor y toda Su gloria, pero lo que sí sucedió es que en el mundo espiritual yo firmé un contrato irrompible con el Señor, un pacto. Yo te entrego mi vida y tú, Señor, haz lo que quieras. Ese fue el trato.

¿Quiere decir que las ataduras, los problemas y el dolor desaparecieron en aquel instante? Aunque sé de casos que así sucedió, en mi vida no fue así. Lo que desapareció allí fue el acta que Satanás levantaba contra mí y apareció un contrato que daba derecho legal al Señor para obrar a mi favor. Entonces sucedió que Él dio la orden: ¡Desatadle y dejadle ir! Y las cosas en el mundo natural se fueron alineando para el cumplimiento de esa orden.

Cuando Tony cayó preso la primera vez, él no conocía nada de Dios, excepto lo que una señora le había hablado de niño y esto fue suficiente. Un cura católico le entregó un nuevo testamento y, poco a poco al leerlo, comprendió que era pecador y que vivía de espaldas a Dios. Sin saber mucho de teología, lo que hizo fue pactar con Dios. ¿Y cómo lo hizo? ¿Con palabras superespirituales, ultra religiosas y llenas de formalismos? No, por supuesto que no. Lo hizo de la manera que sabía y entendía, lo hizo con sus palabras y con el lenguaje que usaba.

Me ha costado muchos años entender que Dios no necesita de palabras sino de actitudes, Dios no espera oraciones maravillosas, espera corazones quebrantados.

Pasé años y años luchando con la religión y parte de ella se reflejaba en mis oraciones. Terminaba de orar y comenzaba la lucha entre si lo había dicho bien o lo tendría que repetir, si había realizado bien todo el ritual o si me había olvidado de algo. Lo arrastré por muchos años hasta que un día, escuchando una conversación entre mis hijos, el Espíritu Santo me dio la revelación.

Estaba arreglándome para salir cuando escuché unos chillidos de Ibai, mi hijo menor, que recién comenzaba a hablar. Me di cuenta de que su hermano estaba comenzando a desesperarse al no entender lo que este le pedía.

«¿Qué quieres?, ¿pero qué quieres? Ama (mamá), no entiendo nada», chillaba Ortzi.

Se estaba desesperando porque el pequeño solo repetía insistentemente «nata ma, nata ma». Quería que su hermano lo entendiera, así que repetía una y otra vez estas palabras cada vez más alto y con mayor ímpetu, mientras mi otro hijo le mencionaba todo lo que se le ocurría para ver qué era lo que quería. Desde el lugar donde estaba, yo entendía perfectamente lo que mi hijo menor quería, así que abrí la puerta y le dije al mayor: «Cariño, creo que te está pidiendo otra natilla». Entonces mi hijo pequeño calló y el mayor descubrió que solo su madre lo entendía.

Ese día el Espíritu Santo me hizo saber que así era como mi Padre me veía, no importaba que el mundo no me entendiese, Él podía entender mis palabras aun cuando nadie las entendía. Primero porque me conocía aun mejor de lo que yo podía conocer a mi hijo, y segundo porque me creó. Ese día entendí perfectamente que no tenía por qué pensar si había orado bien o no, si me habría expresado bien ante mi Padre o no. Ese día Dios ministró mi corazón, diciéndome que no importaba cómo hablara con Él, pues Él me entendía perfectamente y sabía exactamente lo que yo quería decirle aun cuando mis palabras estuvieran dichas de la peor manera, porque Él era mi Padre y leía en mi corazón.

Fue así que Tony, sin religión, solo con un profundo deseo de hacer las paces con Dios levantó su voz a Él, y después de haberse arrepentido profundamente de todos los pecados que el Espíritu Santo trajo a su mente y haberse humillado ante Él, le dijo al Señor: «Dios mío, si tú me sacas de esta cárcel, te prometo que yo no vuelvo a traficar con droga». En ese mismo instante, Dios escuchó sus palabras y las registró en Su contrato divino.

¿Sucedió ahí que Tony fue libre de la cocaína, de la violencia y de todas sus ataduras? ¡NO! Lo que sucedió ahí es que él pactó con Dios y, al haber en su corazón un arrepentimiento genuino de su vida anterior, Dios dio por válido el pacto y le sacó. Ahí se abrió la puerta de salvación, y acto seguido el Señor dio la orden de «desatadle y dejadle ir», con lo que en la tierra todo comenzó a alinearse a fin de que Tony fuera totalmente libre.

¿Has comprendido cuál es el primer paso? Lo primero que tienes que hacer es un pacto con Dios. El pactar con Él es la manera en la que se activa Su mano a tu favor. Y, ¿cómo se consigue esto? Solamente podrás conseguirlo con la llave de la humillación.

Toda mi vida está llena de pactos, Dios me ha llevado de un nivel a otro pero siempre ha sido a través de la humillación. Mientras había orgullo y altivez en mi corazón, Él mismo me resistía y no avanzaba. Nadie puede presentarse ante Dios con un corazón altivo. Cuando un ser humano se presenta ante Dios para entregar su vida, su hijo, su matrimonio, sus finanzas... es porque ha comprendido que Dios es superior y que sin Él nada podemos hacer. Eso es humillarse.

En este mundo, la humillación te hace sentir rechazado y te trae dolor. En cambio la humillación en el Señor te trae paz y liberación. El Señor promete en Su palabra que no desprecia a una persona que viene con corazón humillado, es más, Él dice que lo exalta. Algo muy diferente a lo que sucede en la sociedad.

El día que mi hijo Ortzi cumplió los tres años de edad, en medio de su fiesta de cumpleaños, lo tomé para llevarle a la habitación y allí pacté con Dios. Yo reconocía que andaba mal, reconocía que no podía gobernar mi propia vida, ¿cómo iba a gobernar la de otro? Así que decidí entregar ese hijo a Dios. Hubiera podido parecer que allí no sucedió nada, pero la humillación y la entrega genuina hicieron que Dios tomara ese pacto y acogiera a mi hijo en Sus brazos.

Todo el que conoce hoy a Ortzi sabe de qué hablo. Con tan solo trece años, él es un niño bendecido, prosperado, con temor de Dios en el corazón y con una visión firme: servir a Su Padre celestial. Lo hice tan de corazón que sabía que o Él lo tomaba o yo lo perdía. No era una madre modelo, más bien todo lo contrario, así que solo me quedaba confiar en Dios.

Una vez que te has humillado ante Él y le has entregado tu vida entrarás en otra dimensión, la dimensión del espíritu. El Señor te entregará la tierra prometida, una tierra que tú tendrás que conquistar. Poco a poco irás conquistando tu libertad, Dios te la entregó en la cruz pero tú sigues teniendo voluntad y libertad de escoger, así que deberás ir rindiendo al Señor tus áreas y Él irá depositando en tus manos la victoria que ya fue ganada. No la tienes que ganar, Él ya lo hizo por ti, solo tienes que tomar posesión de ella. ¿Y cómo lo conseguirás? Lo harás con otra llave, la llave de la confesión.

«El que encubre sus pecados no prosperará; mas el que los confiesa y se aparta alcanzará misericordia.»

PROVERBIOS 28:13

La palabra de Dios dice que las personas que encubren pecados no prosperan, pero el que los confiesa y se aparta alcanza misericordia. Puede que ya hayas aceptado a Jesús como tu Señor y Salvador, o incluso lleves años conociéndolo, pero al igual que hice yo, puede que estés nuevamente enredado o incluso nunca hayas salido a completa libertad. En este caso, la solución es la misma. Pacta con Dios, Dios es un Dios de pactos. Está vivo, te escuchará y te ayudará.

Contaré cómo la confesión activó los milagros de Dios en la vida de Tony.

¿Recuerdas cómo había actuado él en el juicio? Al verse acorralado, lo que hizo fue mentir y mentir para salvar su pellejo. En realidad lo que estaba haciendo era un pacto con el enemigo, pues las mentiras no forman parte del reino de los cielos. Este era un pecado oculto que mi marido tenía que confesar. Dios tenía que tratar con este pecado, de lo contrario, nunca hubiera podido actuar a su favor, pues Dios no tiene comunión con las tinieblas.

Nosotros queríamos que Dios hiciera algo con respecto a la cárcel, pero no sucedió nada hasta que Tony decidió confesar su pecado ante los hombres y ante Dios para poder ser prosperado. El día que él llamó al abogado para decirle que hiciera constar que había mentido en todo y que quería decir la verdad, sin saberlo, se hizo dueño de esta promesa de prosperidad. Tony confesó y se apartó de la mentira, por tanto alcanzó misericordia.

Aunque el milagro no se vio ese mismo día, nosotros ahora, examinando la historia, sabemos que aquel día fue el día de victoria. Aquel día fue el día que desatamos las manos de Dios para poder obrar a nuestro favor. Se abrieron ahí las puertas de la salvación y pronto cayó la lluvia de bendición. Sacó el pecado a la luz, por tanto, dejó de estar encubierto y ya no tenía poder. Lo confesó, se apartó y alcanzó misericordia.

La guerra final la tenemos ganada, Cristo murió y resucitó y, un día, resucitaremos con Él, pero las pequeñas batallas las tenemos que ganar en esta tierra y la estrategia de Dios siempre fue la misma, la humillación y la confesión.

Podría contar el montón de veces en las que aun después de haber aceptado a Jesús volví a caer en la red, pero todas esas veces salí por la misma puerta de salida, la puerta de la humillación y la confesión. Así funcionan las leyes espirituales, y de la misma manera que nadie puede quebrantar las leyes de la naturaleza, tampoco se pueden quebrantar las leyes de Dios. Él mismo se sujeta a ellas porque Él mismo las creó. No quieras tomar atajos, humíllate ante tu Creador, reconoce que sin Él las cosas no funcionan y tendrás tu propio contrato firmado y sellado con la sangre de Jesucristo, el cual nadie podrá anular. Dios peleará por ti y sacará tu vida a libertad.

El humillarme ante Su presencia hizo que mi vida fuera sentenciada de nuevo. Nunca olvidaré el día en que después de salir de aquel gran horno de fuego, Jesús reveló a mi corazón: «YO SOY EL PRÍNCIPE QUE TÚ SIEMPRE HABÍAS BUSCADO». ¿Cómo había podido estar tan ciega? El Señor corría a mi lado, pero yo corría en sentido contrario. Esta fue mi tercera sentencia: SENTENCIA DE VIDA.

Con mi gran amor llamado Jesús llenando mi vacío, ahora estaba completa, completa en Cristo. Se acabaron los largos años de búsqueda interminable, se acabaron las heridas y sufrimientos persiguiendo sueños inalcanzables, se acabaron las aguas amargas en fuentes equivocadas. Jesús es la fuente de vida, la fuente de vida eterna. Esta vez tenía una sentencia en Cristo, una sentencia que nadie podía cambiar, pues había sido pactada bajo la sangre de Jesucristo.

¿Terminaron ahí mis luchas y batallas? Por supuesto que no, pero ahora conozco bien el arma que me trae la victoria. Humillación y confesión. Yo me humillo y confieso y Él siempre corre a sacarme a libertad. He entendido que Cristo está vivo y que yo hablo y Él escucha. Yo clamo y Él responde.

Te animo a que pactes con Él. ¿Te ha defraudado el mundo? Él es el único que nunca te va a defraudar. ¿Qué pierdes por intentarlo? No sé qué sentencias has tenido en tu vida, pero si estás leyendo este libro es porque Él quiere sentenciarte hoy a vida. Él continúa esperando, determina en tu corazón hacerlo y corre a escribir este pacto en el cielo:

«Padre, reconozco haber andado de espaldas a ti, persiguiendo sueños y bebiendo de fuentes de aguas amargas. Reconozco haber pecado contra Ti y ahora vengo arrepentido pidiendo Tu misericordia y perdón. Acepto el sacrificio de Jesús en la cruz y te pido que me perdones, que perdones todos mis pecados y me aceptes como hijo. Renuncio a todo pacto antiguo hecho con el enemigo, hoy pacto contigo, yo te entrego mi vida para que Tú te hagas cargo de ella. Y todo esto Padre, te lo pido en el nombre de Tu Hijo Jesucristo. AMÉN».

No hay varitas mágicas, no hay finales de Hollywood donde somos felices y comemos perdices, porque las luchas y obstáculos siempre estarán ahí. Pero si has hecho esta oración con sinceridad en el corazón, te digo que acabas de entrar en la mayor aventura de tu vida. Además de haberse escrito tu nombre en el libro de la vida, ahora Cristo pelea de tu lado y, si Dios es contigo, ¿quién podrá contra ti? Él continuará su propósito en ti, naciste para ser un vencedor, no para ser vencido.

En todo este proceso, pues así es como yo veo mi vida, el Señor jamás me soltó de Su mano. Escribiendo este libro, he descubierto muchas cosas de mi caminar con Dios a lo largo de mi existencia, que nunca antes había visto.

Cuando el Señor me reveló el título, no supe comprender la profundidad de su contenido. Pero escribiendo estas líneas, la revelación que Dios ha traído a mi corazón ha sido completa. Este libro no podía llamarse de ninguna otra manera, porque realmente en él, narro mi camino a la vida. Un camino lleno de baches, precipicios, muerte, destrucción, victorias y derrotas, pero un caminar de la mano de mi Salvador llevándome a la vida.

"ÉL CONTINÚA ESPERANDO, DETERMINA EN TU CORAZÓN HACERLO Y CORRE A ESCRIBIR ESTE PACTO EN EL CIELO".

Después de aquel horno de fuego, comencé a ver las cosas desde otro punto de vista. Comencé a conocer a mi Dios, Él no era el tirano que la sociedad me quiso hacer creer, Él sufría conmigo, me amó y dio a su único Hijo Jesucristo para morir por mí en la cruz del Calvario con el único fin de darme vida.

«Porque de tal manera amó Dios al mundo, que ha dado a su Hijo unigénito, para que todo aquel que en él cree, no se pierda, mas tenga vida eterna.»

JUAN 3:16

«Venid a mí todos los que estáis trabajados y cargados, y yo os haré descansar.»

MATEO 11:28

¿Estás trabajado y cargado? Ven a descansar en las manos de tu Salvador, Su Nombre es Jesús.

Querido lector, te amo con el amor del Señor y en el nombre de Jesús oro para que ahora mismo, la presencia de Dios se desate sobre tu vida y te lleve de gloria en gloria y de victoria en victoria. Pues fiel es el que prometió, que terminará en nosotros aquello que Él mismo empezó.

Mi última sentencia ha sido echada, **SENTENCIA DE VIDA**, y tú, ¿qué sentencia es la que llevas?

CAPÍTULO 15

EL FIN DEL VACÍO

Han pasado ya muchos años desde que terminé de escribir el libro Camino a la vida y las personas que conocieron ese primer libro, es decir, este mismo, pero sin haberle añadido este último capítulo, se podrán estar preguntando, por qué le cambié el nombre, y por qué le añadí este final. En realidad, es sencillo, quería dar por finalizada la incesante búsqueda del camino a la vida revelando cómo ha sido la llenura de cada uno de mis vacíos, y cómo ha permanecido esto con el paso del tiempo. Por eso decidí añadir a este libro el último capítulo de la historia de mi búsqueda con el título: *"EL FIN DEL VACÍO"*.

Si alguien está leyendo estas líneas y dice: *"yo sigo sintiéndome vacío"*, vengo a decirte que se puede vivir lleno, lleno de la Presencia de Dios, lleno del gozo de la salvación, lleno de esperanza, lleno de vida y lleno de amor.

Hoy, después de tantos años, soy el testimonio vivo de que todos mis vacíos han sido suplidos y tengo una vida en plenitud. Por eso, a través de estas líneas, quiero revelarte el secreto de mi victoria y de la gran bendición que vivo hoy en Dios para que tú también puedas alcanzarla.

LA PERSONA DEL ESPÍRITU SANTO

Muchos de los que me conocen, se sienten atraídos por mi amistad con el Espíritu Santo y me hacen preguntas tales como, ¿puedo yo vivir lo mismo?, ¿puedo tener una amistad con Dios? Estas preguntas revelan dos cosas, primero, el gran desconocimiento que hay acerca de la Persona del Espíritu Santo y su función en la tierra y segundo, el profundo anhelo de estas personas por tener una relación íntima con su Creador. Así que, con mucho gusto, te contaré mi experiencia con Él para que veas lo fácil que puede ser vivir tu propia historia con Dios.

Déjame por favor recopilar algunos datos para que la historia se entienda mejor y puedas hacerla parte de tu vida y así saber qué pasos dar hacia esa intimidad que tanto anhelas con el Espíritu Santo.

Como sabes, Jesucristo marcó un antes y un después en mi vida, Él me sacó de la muerte a la vida, partió mi historia en dos, lo podría definir como: Mi vida antes de Jesús muerta en delitos y pecados, y mi actual vida después de Jesús, perdonada en Cristo y dedicada a la constante santificación. Pero, después de esta experiencia, la historia de mi vida cristiana también se partió en dos el día que conocí a la Persona del Espíritu Santo, que siendo Dios, por muchos años ignoré que había sido enviado para estar conmigo y darme el poder necesario para superar cualquier aflicción, así como para guiarme en el camino, revelarme mi destino, descifrar los secretos del Padre y tantas otras cosas sin las cuales nadie logrará vivir en victoria total en su caminar con Cristo. Si tú ya le has entregado tu vida a Jesús y aún no has conocido a la persona del Espíritu Santo, la historia de tu vida cristiana, aún no se partió en dos. En cada ser humano hay un antes y un después de conocer a Cristo y hay un antes y un después de conocer a la Persona del Espíritu Santo.

EL ENCUENTRO MÁS ESPERADO

Cuando miro atrás, hoy después de tantos años y tantas vivencias, puedo decir que toda mi vida anhelé al Espíritu Santo aún sin saber qué o a quién anhelaba exactamente. Pero estoy segura de que Él vio mi anhelo, que sumado al suyo, hizo que se diera a luz nuestra relación, una relación que ha ido creciendo hasta el día de hoy.

Con Jesús en mi corazón, yo tenía la salvación, leía la Palabra, me congregaba y también había escuchado hablar del Espíritu Santo, pero nadie me había dicho que era posible tener una amistad con Él, tampoco nadie me había hablado del poder, que es tan necesario en la vida cristiana, no solo para hacer milagros sino también para enfrentar el día a día. Esa amistad y ese poder estaban en Él, en la Persona del Espíritu Santo.

Él es la Persona más importante de esta tierra y a la vez la Persona más ignorada, aún por su propia iglesia. Muchos lo relacionan con un fuego, un viento o una paloma, pero a mí nadie me lo había presentado como una Persona, alguien que quería tener una relación de amistad conmigo.

Un día, escuché a un pastor de Colombia, el pastor Ricardo Rodríguez hablar acerca de la Persona del Espíritu Santo de una manera en la que nunca había escuchado a nadie hablar. Él hablaba del Espíritu Santo como un amigo con el que conversaba, alguien que lo acompañaba en su día a día y que guiaba sus decisiones y su vida, para ser sincera, no sabía muy bien de qué estaba hablando o a qué se refería, porque yo no entendía un Dios así, pero cada vez que lo escuchaba, algo se prendía en mi interior, es como si mi espíritu se encendiera y comenzara a arder. Llegué a pensar que ese hombre tenía algo que yo deseaba con toda mi alma y estaba dispuesta a perseguirlo. Ahí comenzó en mí una búsqueda genuina de la persona del Espíritu Santo.

"ÉL ES LA PERSONA MÁS IMPORTANTE DE ESTA TIERRA Y A LA VEZ LA PERSONA MÁS IGNORADA, AÚN POR SU PROPIA IGLESIA".

¿Por qué dice ese hombre que eres su amigo? ¿Quién eres? ¿Cómo te puedo conocer? ¿Realmente te puedo conocer? Estas y otras preguntas comenzaron a golpear mi vida y a llenar mis pensamientos.

Yo siempre viví una vida con Dios y Dios se hacía entender conmigo, pero no como él lo contaba. Y a la vez que el fuego ardía en mí para conocer a Dios de la manera en la que esta persona lo expresaba, las dudas también se amontonaban y crecían a causa de todo lo que había aprendido hasta ese día. ¿Cómo va a ser Dios su amigo? Para mí, aunque no dudaba de que Dios hablara, la idea de un Dios amigo era casi impensable, porque yo creía en Dios, sabía que hablaba, pero lo tenía como alguien tan lejano, y este hombre hablaba de Dios como alguien tan cercano, que algo chocaba en mi interior.

¿Sabes que hay un versículo que dice: acercaos pues a Dios y Él se acercará a vosotros?

La Biblia siempre tiene cumplimiento y así mismo sucedió. Yo me acerqué a Él con todo mi corazón y Él se acercó a mí y comenzó a guiarme para conocerlo.

Y comenzando esta aventura, un día llegó a mis manos el libro de Benny Hin titulado *"Buenos días Espíritu Santo"*, pero como yo había crecido entre bautistas, vacunada contra el mover del Espíritu Santo, me fue muy difícil entender el libro y recuerdo que lo iba leyendo y cuando leía algo que chocaba con todo lo que se me había enseñado, lo cerraba con fuerza y comenzaba a pedir perdón a Dios por lo que estaba leyendo. Perdóname Señor, Perdóname por leer algo que no es así.

Me inundaba el temor de fallar a Dios con una simple lectura, que a su vez, provocaba que algo ardiera en mi interior con tanta fuerza que no podía dejar de leer. En aquel tiempo no supe identificar que era Dios mismo queriéndose revelar a mi vida.

Hoy le doy tantas gracias por su paciencia y amor, Él nunca desistió de mí y con su dulce amor, me seducía y me impulsaba a seguir leyendo. Aquellas páginas me atraían hasta el punto de volver a abrir el libro y comenzar a arder nuevamente en mi interior.

La Biblia dice que Dios nos anhela celosamente y en su anhelo, Él ya lo tenía todo preparado.

Fue en Marzo del 2007 cuando, movidos por el Espíritu, porque como te digo, aunque yo no había tenido ese encuentro con Él, yo sabía que Dios hablaba y guiaba, no tenía duda de esto, pero no de la manera en la que últimamente se me estaba revelando. Tanto mi marido como yo, le orábamos y luego Él se hacía entender con nosotros y nosotros le obedecíamos y le seguíamos. Pero decir que Dios podía ser un amigo en medio del día a día y tener ese tipo de cercanía, era demasiado para mi entendimiento.

Pero como digo, todo estaba preparado y en marzo del 2007 Él nos movió a dejarlo todo y comenzar una nueva vida en la isla de Tenerife. Así que, en obediencia a Él, dejamos nuestra vida atrás y nos instalamos en un pequeño apartamento al sur de la isla.

Automáticamente, comenzamos a congregarnos en la iglesia de la cual ya te hablé y que en aquel momento estaba bien avivada. Y al poco tiempo de llegar, nos invitaron a participar en el Congreso del Espíritu Santo que se llevaría a cabo en una isla vecina de la Isla de Tenerife.

Estábamos tan expectantes, tan emocionados, todo era nuevo pero todo era vivo, no sabría explicarlo pero había algo diferente en nosotros y también en la manera en la que las personas vivían a Cristo.

Por fin llegaba el gran día, así que toda la familia junto a otros hermanos de la iglesia que habían decidido asistir, tomamos el barco hacia la isla de Gran Canaria.

Si me detengo a pensar en aquel congreso, no recuerdo bien ni cuántos predicadores había, ni de qué temas hablaron, pero recuerdo perfectamente a uno que marcó mi vida, el pastor Claudio Freidson. Este pastor comenzó a predicar y para mi sorpresa, él también hablaba de lo mismo, de la amistad que él tenía con el Espíritu Santo, ¿cómo podía ser? En todos los años de cristiana jamás había escuchado a alguien hablar de una amistad con Dios y en un periodo tan corto de tiempo, resulta que ya era el segundo pastor que hablaba de lo mismo. Este hombre también hablaba del Espíritu Santo como si fuera una persona cercana, un amigo que estaba con Él cada día. No podía ser casualidad, Dios me estaba queriendo decir algo o estaba queriendo comunicarse conmigo. No tanto el hablarme de algo puntual, que ya lo hacía, sino de algo más profundo, como cercanía, amistad, camaradería…

"YO ME ACERQUÉ A ÉL CON TODO MI CORAZÓN Y ÉL SE ACERCÓ A MÍ Y COMENZÓ A GUIARME PARA CONOCERLO".

Recuerdo varias cosas de ese congreso, recuerdo que el pastor Claudio oró por mí, y el toque del Espíritu Santo que me llenó de oro, una especie de purpurina dorada me inundó, esto fue tremendo y literalmente me pasé todo el congreso intentando razonar qué había sucedido. Mi mente daba mil y una razones para explicar por qué estaba llena de oro. Mis manos, mi ropa, y también otras personas lo estaban, pero ¿cómo había sucedido? Con la razón quería explicar lo sobrenatural y no encontraba respuesta.

Todo era tan nuevo para mí, y todo fue maravilloso, pero el momento clave se produjo en medio de la conferencia, cuando de pronto el pastor Claudio comenzó a ministrar y soltó una palabra profética diciendo:

"Se está levantando un ministerio a las naciones" No alcancé a escuchar nada más porque en ese preciso momento, caí al suelo mientras soltaba un grito que no sabría decir de dónde provenía. Sentía con una fuerza abrumadora que aquella palabra era para mí, es más, tenía la certeza absoluta de que Dios en aquel auditorio me decía: Ana, te estoy levantando para las naciones de la tierra, tu ministerio llegará a las naciones. Este fue uno de esos momentos que no se olvidan y donde uno puede revivir y sentir una y otra vez lo sucedido como si fuera hoy. Sin embargo, lo que realmente marcó mi vida fueron las palabras con las que Claudio nos desafió después y aunque no las recuerdo textualmente, sí recuerdo la esencia perfectamente. Él nos estaba desafiando a algo así como: Si buscas la Presencia de Dios y la traes a tu vida, en tan solo tres meses serás transformado como nunca antes lo has sido. Estas palabras o parecidas, ya las había escuchado antes, pero ese día, eran para mí, sentía que Dios me invitaba a meterme más profundo con Él, a buscarlo, a hacerlo parte de mi día a día y aunque no sabía bien cómo hacerlo, estaba dispuesta a todo y por supuesto, acepté el desafío.

Era tan grande mi anhelo por tener un encuentro con Dios, ese encuentro del que había escuchado hablar a otros hombres de Dios y que yo sabía que no lo había experimentado, que me fui de allí decidida a encontrarle. Quería vivir la experiencia, quería sentir Su Presencia, Su amistad y todo lo que estaba disponible para mí en esta tierra.

Así que, lo primero que hice fue reunir en una carpeta de ordenador todas las predicaciones que tenía descargadas del Espíritu Santo y me decidí a conocerlo. Comencé a escucharlas una a una diciéndole a Dios, si ellos te conocen, yo te quiero conocer.

Cada día me levantaba con un único pensamiento: le quiero conocer. Hay días muy señalados para mí en esta búsqueda, en los que veía a Dios muy de cerca. Era como si Dios abriera una cortina desde su mundo y pudiera asomarse al mío para decirme: Aquí estoy.

Recuerdo una vez que estaba en mi coche conduciendo el trayecto que hacía diariamente hacia mi trabajo e iba hablando con Dios diciéndole: Dios mío… estoy agobiada, y no entiendo a quién tengo que orar… al Padre, al Hijo o al Espíritu Santo, estoy confundida, estoy hecha un lío. Comencé a agobiarme tanto de solo pensarlo que decidí aparcar mis pensamientos y relajarme escuchando algo, entonces encendí el CD de mi coche y saltó una predicación como a la mitad, no sé por qué estaría tan avanzada, tal vez el día anterior lo había dejado ahí, pero lo que sé es que en ese mismo instante, justo el predicador hablaba del lío que muchas personas se hacían con el Padre, el Hijo y el Espíritu Santo, y comenzó a explicar cómo relacionarnos con Él. Imagina mi asombro, no me lo podía creer, por un momento pensé, ¿pero así de real te puedes manifestar? ¿En verdad me estás contestando? ¿Quién eres? Este fue de esos momentos donde yo digo que sentía que un Dios invisible se hacía visible en mi mundo porque quería manifestarse a mi vida.

En aquella época, era muy chocante para mí pensar que Dios era tan real y tan cercano. Hoy en día sé lo cercano y real que es, pero en aquel momento, todo lo que yo creía conocer a Dios se había vuelto como nada, porque este era un nivel que jamás pensé ni que existiera. Dios en amistad con un ser humano en su vida secular. Sonaba a locura. Creo que incluso mis ojos estaban velados a la realidad de Su Presencia porque cuando leía por ejemplo que Dios era amigo de Abraham, no dudaba de que esta parte fuera cierta, pero en mi interior era algo en sentido metafórico, mas no real.

EL ESPÍRITU SANTO NO ES ALGO, ES ALGUIEN

Una noche, en mi incesante búsqueda, estaba sola sentada en el sofá de mi casa, era muy tarde y todos dormían y ahí comencé a cantar muy bajito la canción que dice: *"Aunque mis ojos no te puedan ver, te puedo sentir, se que estás aquí"*. Quizás la conoces. Pues, estando ahí sentada mientras adoraba, de pronto comencé a sentir que toda mi piel se erizaba pero de una manera muy fuerte y que nunca antes había experimentado. Comencé a llorar y llorar y llorar, era algo inexplicable, diferente, era tanto el llanto, que quería decirle TE AMO, porque yo sabía que Él estaba allí, pero no podía abrir la boca del quebranto que tenía a causa de Su Presencia sobre mí. Esa noche se descubrió una realidad para mi que hasta ese día había estado velada, Él estaba allí, ahora sí, era como si de otra dimensión, una cortina se abriera y apareciera alguien, y todo el lugar fuera inundado por Su Presencia, Su Presencia manifiesta. No era solo que yo pensaba que Dios estaba (como lo dice la Biblia), sino que en ese momento yo sabía que Él estaba allí. Tenía conciencia de Su Presencia en aquel lugar mucho más allá de una simple teoría o un versículo bíblico que pudiera aplicar.

"DIOS EN AMISTAD CON UN SER HUMANO EN SU VIDA SECULAR. SONABA A LOCURA".

Es algo que no se puede explicar, lo tienes que experimentar. Para que me puedas entender, permíteme ponerte un ejemplo, cuando las personas me decían que les contara lo sucedido esa noche, yo me sentía como la embarazada que intenta explicar a otra mujer que no está embarazada, lo que se siente llevando un bebé dentro. La mujer que no está embarazada, puede ver los efectos del embarazo en un cuerpo por el cambio de dimensión en la barriga y demás, pero esa mujer nunca podrá sentir o experimentar lo que es un embarazo a menos que ella misma se embarace. Y así me sentía yo, las personas podían ver que algo diferente había en mí. Aquella noche vino a cambiarlo todo, mi matrimonio comenzó a ser transformado, la relación con mis hijos, con mis seres amados, y por supuesto mi vida cristiana, literalmente dio un giro radical, abría la Palabra y ahora todo era mucho más entendible. Siempre fui una mujer apasionada pero esa noche se prendió un fuego en mí que prendía a los demás con solo estar cerca. Fueron tantos cambios, que las personas podían ver que algo en mi interior había sucedido, pero mi simple explicación no podía hacer que ellas lo entendieran. Esta experiencia es algo que sólo se entiende si se ha experimentado así la presencia manifiesta de

Dios. Por eso al día de hoy sigo apasionada por Él y por mostrar al mundo quién es Él para que todos puedan hacer una amistad como yo la hice. Porque esto no es solo para mí, esto es algo que Dios quiere vivir contigo que estás leyendo estas líneas. Tú eres su iglesia y Dios quiere vivir en amistad con su iglesia.

> "El que tiene mis mandamientos, y los obedece, ese es el
> que me ama; y el que me ama, será amado por mi Padre,
> y yo lo amaré, y me manifestaré a él".
>
> JUAN 14:21

Esa noche, Él apareció, se manifestó a mí y nunca más se ha ido.

EL LLAMADO

Tanto la amistad con el Espíritu Santo como el fuego que se prendió en mí aquella noche fueron creciendo y creciendo hasta el día de hoy.

Escribiendo estas líneas me vienen tantos recuerdos, podría contarte tantas vivencias, tantas experiencias con mi precioso amigo el Espíritu Santo, que tal vez un día me anime a plasmarlas en papel y salga un nuevo libro de mis experiencias con Dios.

Pero por ahora y para concluir mi historia, me gustaría contarte cómo el Señor nos llamó al ministerio a mi marido y a mí.

Tres años más tarde de aquel glorioso encuentro con el Espíritu Santo, concretamente en el mes de noviembre del año 2010, decidimos viajar a Colombia para conocer la iglesia del pastor Ricardo

Rodríguez, el hombre que sin él saberlo, tanto había influido en nosotros para que llegáramos a conocer a la Persona del Espíritu Santo. Y digo nosotros, porque aunque este libro trata de mi historia, mi marido tuvo su propio encuentro con Dios y se prendió en el mismo fuego que me prendí yo. Así que puedo decir que, nuestro fuego seguía creciendo y el anhelo de conocerlo más y más, nos consumía cada día.

"ES ALGO QUE NO SE PUEDE EXPLICAR, LO TIENES QUE EXPERIMENTAR".

Tomamos la decisión de viajar al lugar donde nosotros veíamos que se movían las aguas, pues la Presencia del Espíritu Santo era palpable aun a través de una pantalla, por tanto, anhelábamos vivirlo en persona. Queríamos experimentarlo y llenarnos de todo lo que Dios quisiera impartirnos. Puedo decir que desde el momento en que decidimos viajar, Dios comenzó a moverse de manera sobrenatural, pero también el infierno se levantó con fuerza para oponerse y estorbar. Recuerdo que teníamos un coche al que justo la semana en la que teníamos que comprar los pasajes, se le rompió el motor y repararlo suponía gastarnos todo el dinero que con tanto esfuerzo habíamos ahorrado para aquel viaje. Esa semana tuvimos que tomar una decisión radical, nos quedábamos sin coche y viajábamos a Colombia o, por el contrario, arreglábamos el motor y ya en otra ocasión viajaríamos. Estas son el tipo de decisiones que tendrás que tomar si eres un buscador de Su Presencia porque el diablo no te lo pondrá fácil. Para nosotros fue sencillo, nadie nos iba a robar la bendición de asistir a la iglesia de Avivamiento en Colombia, así que, dejando el coche a un lado, compramos sin pensarlo los billetes. Hoy en día sé que era el mismo Espíritu Santo empujándonos a ir, dejando atrás las cosas materiales, que aunque necesarias, no eran imprescindibles.

Por fin llegamos, ¡podría contarte tantos milagros! Uno a uno Dios comenzó a ordenar nuestros pasos y terminamos hospedados en casa de los pastores Guillermo y Liliana de Salom, que en aquel momento formaban parte del equipo pastoral de los pastores Ricardo y María Patricia Rodríguez. Quiero desde aquí agradecerles el abrirnos las puertas de su hogar, para poder recibir la bendición que Dios nos tenía preparada en Colombia. Hasta el día de hoy, ellos y sus preciosas hijas son una grandísima bendición en nuestras vidas.

Llegamos a Bogotá varios días antes del fin de semana con lo que pudimos conocer personalmente a algunas personas del ministerio, los diferentes departamentos y mucho del funcionamiento interior de la Iglesia. Todo lo que por años habíamos soñado, se hacía ahora realidad.

Nunca voy a olvidar lo que sentí la primera vez que me acerqué a aquella iglesia, yo había escuchado al pastor Ricardo contar que muchas de las personas que visitaban Avivamiento, podían sentir fuertemente la Presencia del Espíritu Santo aun en los alrededores de la iglesia, y siempre me preguntaba cómo sería eso. Entonces, llegado el día que por primera vez iríamos a la iglesia, nos metimos en el coche y ese viaje se me hizo eterno, no veía la hora de llegar allí, conocer el lugar y a todas las personas que tantas veces había visto a través de internet. No conocía nada de Bogotá, iba atenta a la conversación que llevábamos de camino cuando de pronto, todo mi cuerpo se estremeció, tenía tantas ganas de llorar, no sabía qué me estaba sucediendo, pero aquello se parecía mucho a lo que el pastor Ricardo explicaba, esa Presencia que se sentía al llegar a la iglesia. Pero miraba a los lados y ni siquiera veía cerca la Iglesia, o eso creía yo. Porque de pronto, alguien en el coche dijo, ya hemos llegado. ¿Hemos llegado? ¿Cómo así? Yo había visto la iglesia en internet y aquel edificio no era la iglesia, aunque mi cuerpo experimentaba fuertemente la Presencia de Dios, y yo sabía que era Él, pero no entendía por qué allí si aquel no era el lugar. ¿Sabes qué sucedió? Estábamos entrando a la iglesia pero estábamos accediendo al edificio por la parte de atrás, por donde entraban los trabajadores, puesto que el matrimonio de Pastores que nos llevaba entraban por el parking para trabajadores, por eso yo no había reconocido la entrada. Pero puedo decir que así como se lo había escuchado decir al pastor Ricardo, así mismo me sucedió, al acercarme al lugar, el Espíritu Santo manifestó Su Presencia para darnos la bienvenida. Me gustaría aprovechar esto para explicar algo. Muchas personas cuando se habla de estas cosas, te dicen que probablemente estás sugestionada, pero ¿cómo iba yo a estar sugestionada si creía firmemente que no estaba en la iglesia?, era imposible estar sugestionada, simplemente era Dios en el lugar, manifestando su hermosa Presencia. Al día de hoy, esto mismo que yo viví en Colombia, es lo que cientos de personas experimentan al llegar cerca de las instalaciones de Cielos Abiertos, la iglesia que pastoreamos. Gloria a Dios porque hoy Su Presencia también se manifiesta entre nosotros.

Pero volviendo al relato, esos días en Bogotá fueron una de las experiencias más gloriosas que habíamos vivido en el ámbito espiritual. Pero entre esos días, hubo uno muy especial. El día en el que el pastor Ricardo Rodríguez, en pleno servicio, se dirigió a nosotros y dijo: *"Quiero que oremos por esta pareja de pastores, vengan aquí pastores"*.

Dios mío, yo no lo podía creer, me sentía invisible en medio de tan inmensa multitud pero Dios nos había localizado y nos había llevado hasta allí con un propósito y ahora estaba moviendo al pastor para bendecirnos. De inmediato varios ujieres corrieron hacia nosotros a decirnos: *"levántense pastores"*. ¿Pastores? Nosotros no éramos pastores, ¿qué estaba sucediendo? Todo fue muy rápido pero lo siguiente que recuerdo es que, subimos a la tarima, y el pastor Ricardo nos dio una palabra profética tan precisa que nos dejó asombrados. Aunque lo más grande fue la manera en la que la Presencia de Dios nos envolvió mientras caímos al suelo bajo aquel peso de Gloria que jamás habíamos experimentado.

De toda aquella experiencia, nunca olvidaré estas frases… la primera fue, *"en tres años"*… venían tres años para nuestras vidas que lo cambiarían todo, creo que en ese momento no éramos lo suficientemente conscientes de todo lo que estaba por ocurrir. Otra de las cosas que nunca olvidaré fue cuando el pastor Ricardo nos dijo:" *"Dios lo va a hacer con ustedes, Dios los va a sorprender en gran manera"*, hasta el día de hoy podemos decir, no solo que Dios lo hizo sino que cada paso que damos es algo que nos sorprende en gran manera y lo último, la oración final que el pastor hizo por nosotros y que terminó con la frase: *"Nadie les quite lo que tú les has entregado hoy"*.

¡Wou!, estábamos recibiendo algo que para nosotros era mucho más grande que el mayor de los tesoros y de manera intencional guardaríamos todo lo que habíamos recibido. Pero hay algo más, entre todas las cosas que nos dijo, habló de nuestro coche, ese coche que se nos había roto y que nosotros habíamos dejado parado por correr en la búsqueda de Dios, pues ahora Dios nos lo iba a devolver y según dijo, nos iba a añadir más. Quiero contarte que esto también se cumplió. Habría tanto que contar que no terminaría pero para que te hagas una idea, Dios nos devolvió ese coche y varios coches más.

¿Conoces el versículo que dice: cualquier cosa que dejares por mí, recibirás cien veces más? Pues recuerda siempre que La Palabra de Dios tiene cumplimiento.

Regresamos a Tenerife, todavía sorprendidos con todo lo que había acontecido, estábamos tan impresionados, pero para serte sincera, jamás pensamos que Dios nos sacaría al ministerio ahí mismo, con lo que retomamos nuestra vida normal, servíamos en la iglesia y teníamos nuestros trabajos. Pero cuando Dios abre, nadie puede cerrar y en cosa de un par de meses nos sucedieron tantas pero tantas cosas, que entendimos que Dios mismo nos estaba empujando a salir para cumplir aquello que Él mismo nos había indicado meses antes a través del pastor Ricardo. Pero, ¿sabes?, no siempre lo que Dios te pide hacer será entendido por todos y así sucedió, muchas personas no lo entendieron y nos persiguieron, pero te puedo decir que obedecer a Dios siempre tendrá un resultado de bendición aun a pesar de la persecución. Siempre que Dios quiere hacer algo con alguien en la tierra, el infierno se levantará a oponerse a la obra de Dios, esto podemos verlo desde el Génesis hasta el Apocalipsis, con lo que con nosotros no fue diferente. Una gran persecución se levantó en nuestra contra, supuestamente estábamos solos, pero lo que la gente no entiende es que nadie detiene a Dios. En todo lo que vivimos, no faltaron los momentos de incertidumbre, dolor, confusión… pero en todos ellos pudimos ver cómo Dios comenzó a alinear todo a nuestro favor para dar cumplimiento a esa profecía y comenzar nuestro ministerio. Y fue así como en marzo del 2011, tan solo 4 meses después de aquella experiencia única en Colombia, dimos inicio a nuestra primera reunión, junto a mi familia y unas once personas más, en la terraza de la casa de un gran amigo, Bernardo Montaño, al que Dios movió para abrirnos su hogar y al que también agradeceremos profundamente todo lo que hizo en aquel tiempo por nosotros y por el ministerio de Cielos Abiertos.

Hoy puedo decir que tengo una revelación que no tenía allí y es que no se trata de nosotros, de lo que podamos hacer, de cómo nos podamos ver o de lo que creamos que va ha suceder. Todo se trata de Él, de lo que Jesús hizo por nosotros, de Su sacrificio, Su Poder, Sus planes y Sus designios sobre cada ser humano. Si hubiera entendido esto antes, todo hubiera sido mucho mejor, así que hoy quisiera impartirte que si Dios te llamó a hacer algo, no temas porque no se trata de ti sino de lo que Dios hizo por ti y de lo que Él hará contigo.

Recuerdo que en aquel entonces, cuando Dios nos empujaba al ministerio, nosotros le decíamos: *"Pero Señor, ¿qué vamos a decir? No tenemos nada de qué hablar"*. Lo único que parecíamos tener era la oposición y la persecución de muchos de los pastores de la isla. No teníamos ningún título teológico, ni estudios, ni respaldo, ni dinero... Pero Dios nos hizo entender que no necesitábamos nada de eso, porque nosotros le teníamos a Él, y eso sería más que suficiente. Solo teníamos que seguirle y obedecerle, y la primera instrucción que nos dio fue: *"Hablarles de mí"*, ¡wou! Eso era tan sencillo, estábamos apasionados por Él, con lo que comenzamos a enseñar al pueblo acerca de cómo tener una relación con el Espíritu Santo, comenzamos a impartir de lo que nosotros habíamos aprendido y vivíamos con Él, y Él comenzó a manifestarse respaldándonos con poder. Recuerdo que nuestro primer milagro en Cielos Abiertos fue la sanidad de un chico que sufría de alergias severas que le impedían comer una gran cantidad de alimentos. Estaba esclavizado y Dios lo liberó y lo sanó instantáneamente. ¿Sabes por qué? Porque no se trata de nosotros ni de lo que nosotros podemos hacer, todo gira alrededor de Su sacrificio, lo que Él hizo por nosotros y lo que Él quiere hacer. Dios solo necesita en la tierra instrumentos rendidos a su voluntad para poder operar con Poder. Y ahí estábamos mi marido y yo dispuestos a pagar el precio con tal de no perder Su Presencia. Fue así como el ministerio comenzó a crecer, los milagros, las liberaciones, las familias restauradas, economías saneadas. Literalmente comenzamos a vivir el cielo en la tierra. Y Dios comenzó a llevarnos de gloria en gloria y de victoria en victoria hasta el día de hoy.

"DIOS SOLO NECESITA EN LA TIERRA INSTRUMENTOS RENDIDOS A SU VOLUNTAD PARA PODER OPERAR CON PODER".

Actualmente, Dios no solamente nos ha entregado una congregación local, sino que nos ha proyectado hacia las naciones de la tierra a través de Internet y las redes sociales, es más, hoy puedo decir que son más los que pertenecen a Cielos Abiertos de manera virtual que los que asisten a la iglesia de forma presencial. Cientos de personas se han unido a nosotros y han despertado al mover del Espíritu Santo, ese Dios para muchos desconocido pero al que ellos hoy aman, honran y anhelan cada día conocer.

Además, actualmente tenemos tres hijos, y el privilegio de poder decir que los tres están sirviendo al Señor junto a nosotros en el ministerio.

Una de las cosas que el pastor Ricardo nos dijo fue: Dios los va a sorprender, y así como dijo, así sucedió, ¡Dios Nos sorprendió! Y nos sigue sorprendiendo hasta el día de hoy.

Y la buena noticia es que así como lo hizo con nosotros, lo quiere hacer contigo. Busca a Dios, dile que quieres ser su amigo y hazlo partícipe de tu vida en el día a día, hónralo, ámalo, valóralo y obedécele en todo y te aseguro que en tres meses habrás experimentado más transformación que en toda tu vida junta.

¡Dios te va a sorprender en gran manera!